自分を知る　好きになる
心の時代の開運術
皇の時代 4

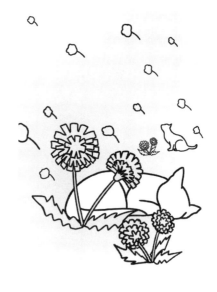

春の穏やかさを取り入れよう

はじめに

　私も以前は「自分とはどこからきて、どこへいくのか」という疑問を持ちました。答えは、水星から来て金星へ行き、地球に降り立つのです。だから前世の記憶で水星や金星にいたという人がいるのです。魂が練られて成熟する場所がここだから。私達はもともとウイルスから成長し、宿主である地球人から学びました。だからこそ、地球が母なる大地なのでしょう。もし地球外から来て地球外へ帰っていくなら、地球を母と感じませんから。不思議なものです。

　今回の「自分とは」というテーマで本を書きながら思うことは、「解釈をする人ごとにすべて違うのではないか」ということでした。「考えれば考えるほど我流になる皇の時代の解釈を、皆さんと共有することに意味があるのだろうか」という意味です。「これを考えると次に進めないぞ」というのが結論で、「人ごとに違う解釈でもこの時代が楽で樂しめればよいのかな」という気楽な立場で表現しました。

　究極のところ、皿に閉じこもった魂は「自分」を確立する以外のことは出来ず、他人を救うようであくまで自分を進可させてい

3

るに過ぎないのです。つまり他人さえ自分の進可のための修行道具なので、だからこそ樂しくかかわり、お互いが進可する関係でありたいと願っています。

　YouTube で毎日、日々の些細なことをテーマに語っていますが、皆様から励ましのメッセージを頂きます。「リアルタイムでの気づきがある」と言ってもらえることがとても嬉しいです。もちろん、Facebook での投稿も「読むのを楽しみにしています。」と言ってもらえて、私こそ励みになっています。私も前作より進可しましたよ！ 公式ラインを登録して配信しています。note にもページを作り、HPも立ち上げました。更には、私の本が海外に売られているとわかりびっくりしています。変化していますね。

　理論は多くのことを解説しています。でも私の本は、あなたの身の回りの「ことともの」しか説明していません。一冊ずつ内容を実行してください。読むごとにあなたの人生は変わります。たまに数か月前の自分を思い起こしてください。多分この本を読む前と後では違う選択をして、違うあなたになっていることでしょう。ほめてあげてくださいね。

《目次》

〜〜〜〜♡〜〜〜〜♡〜〜〜〜♡〜〜〜〜♡〜〜〜〜

Facebook 春名

facebook 春名律子サイト毎日配信中。

YouTube

YouTube 春名律子毎日の気づきを配信中

公式ライン

line 毎日つぶやきを配信中

〜〜〜〜♡〜〜〜〜♡〜〜〜〜♡〜〜〜〜♡〜〜〜〜

第一部
自分はどこから来たのか

1 魂のつくられる場所

　あなたは過去の記憶がありますか？ 私は少しだけあります。母の胎内であったかい羊水に浮きながら、母が着替えるたびにフワッと明るくなる記憶。これが実体験だとわかったのは 10 年ほど前です。

　過去の記憶がある事が重要なわけではないのですが、気になりますね。自分はどこから来るのだろうと。今回はこのテーマを解明していきたいと思います。

　まず、魂の基は太陽で生まれてきます。太陽に詰まった多くの情報を練って、神様が造り出し、ここから魂の旅は始まります。原始魂は、原生命対（魂を生命対という）と呼ばれ、半死半生の状態で水星へ運ばれます。水星で魂は、いろいろな情報を吸収しながらエネルギーを貯めていくのです。魂の成長とは、体験の積み重ねです。これは自分が体験したことでなくても、情報として吸収すればいいことなのです。つまり、他人の経験があなたの魂を成長させることにもなる、という意味です。他人とのおしゃべりが必要な理由は、ここにもあります。神と言わ

れるランクへ上がるのも、多くの経験と魂職を究めて、樂しむことの積み重ねによる進可の結果です。確かに、見えない世界を知っている人は、徐々に占い師やアドバイザーになっていきますが、これも効率よく多くの体験を吸収する進可のためかもしれません。もちろん、体験することの方が情報量は多いので、生活の中で学ぶことが基本となります。本を読んだり、映画を観たり当たり前なことの中にも進可する要因があるのです。

　では、太陽で生まれた魂はどのような道を通り地球へ降り立つのでしょうか。水星でエネルギーを蓄えた生命対は、金星に移動してウィルスや菌へと成長します。ここから植物へ成長していくのか、動物などの生命体に成長していくのかを決める時です。菌として成長することを選んだ魂は、植物として成長し、生涯人間に進可することはありません。ウイルスとして成長することを選べば、最終的に人間へと進可していきます。

　魂はエネギーの塊なので、金星からはこのエネルギーが転写（物体へエネルギーを移す）して地球に降り立ちます。この降り立つ場所が南アフリカと南アメリカです。

　さて、ここまで書いて何を言っているのかわからない人が半数

ほどいそうなので、捕捉します。

　この理論は、魂のことをかなり詳しく記載しています。魂の記憶がどこに保存されているのかとか、脳の中のどこに記憶が眠っているのかを造語を使って述べているのです。しかし、あなたの人生に魂の記憶は必要でも、神様やその他の名前などは難しすぎるので、簡略化しました。つまり必要なイメージだけをこの本では挙げているのです。では、金星や水星のどこが必要なのでしょうか。初めに述べたように、人には前世の記憶のある人がいます。あなたがなぜ金星にいたのか？　なぜ水星で生まれたと感じるのかを書きだすために水星から説明しました。ということで、水星で生まれた人の記憶や、金星での出来事は、全て前世の記憶なのです。事実魂は水星でエネルギーを溜めます。魂が抱えるエネルギーが小さいときは、水星でエネルギーチャージをして金星に移り、金星で30倍になったら地球へ転写され肉体と呼ばれる皿（ペイ）に宿り生命体として地球に誕生します。

　地球に降り立った魂は、既にウイルスや菌として存在します。つまり肉体を持っているのです。この肉体は魂と魂以外ものを隔てるもの、人間でいえば皮膚のような役割をしています。この体

を皿（ぺい）と呼び、この皿の中で多くの体験を吸収していきます。皿がないと体がないことになります。体験を吸収できるのは肉体を持っている間で、皿がないときは空間を浮遊する浮遊霊としてさまようことになります。死後50年間は浮遊霊（物故）としてこの世を学ぶ時期なのです。

　さて、地球に降り立った魂たちは、まずウイルスは南アフリカへ降り立ち動物へと進可します。南アメリカに降り立つ細菌は、植物へと進可していきます。やはり大平原のアフリカに動物の魂が、アマゾンの森に植物に進化する魂が降りるのでしょう。この違いは、金星で菌として成長するのか、ウイルスとして成長するのかによるのです。あなたが人間に進可したのは、前世でウイルスとして学んだ結果でもあります。もう少し突っ込むと、今世間を騒がしているコロナウイルスは、未来の人間へと進可するために、この世界で学んでいる最中と言えるのです。もちろんこのウイルスが人間に進可するには、数京年という長い時のなかで、昆虫や動物を経て人間に進可するので、現存の人間たちは、すでに神のレベルで人間となった彼らをコントロールしているでしょう。気の長い話ですね。

13

魂は生まれ、この地球という世界へやってきて様々な生死を繰り返し、進可し続けます。進可こそ魂の課題であるといえるのです。ちなみに、ウイルス時代にネガティブな人から学ぶと祖の時代に生まれる「苦から学ぶ魂」となり、ポジティブな人について学ぶと皇の時代に生まれる「樂しさから学ぶ魂」となるのです。まさか、この時期に苦労から学ぶのか、樂しさから学ぶのかが決まるとは思いもしませんでした。しかも、人間の性質を学んでここを決定するなんて想像もしません。あなたがネガティブな人なら苦労から学ぶ魂を育て、ポジティブな人なら樂しさから学ぶ魂を育てているのでしょうか。これは祖から皇への移行期だから言えることで、祖の時代に流行するウイルスは全体として苦労から学び、皇の時代に流行するウイルスは、樂しさから学ぶと考えるほうが正しいでしょう。ウイルスの寿命は短いですから。

2　　魂の進可について

　ウイルスは、将来動物へと進可していきます。これは、途方もない年月を経て進可するので、本当に人間に進可するのか問う

てもわかりません。ただ、私自身にミジンコだったような記憶が
あり、友人にもミドリムシだった記憶がありました。生物の授業で
「これ、私だ！」と感じた衝撃は、今でも思い出します。あなたは、
どんな前世を覚えていますか？　もちろんどんな記憶でもこれは正
しいし、正しいことは証明できませんから、あなたが感じる前世
は正しいと思います。

　さて、魂の進可は時代ごとに学び方が違います。1万年という
年月が、人間の進可のサイクルです。これは1万年ごとに文明
がリセットされて新たに1から作り直すという宇宙のプログラムに
よるものです。この1万年を4つに分けてヒルの時代→ヨルの時
代→ヒルの時代→ヨルの時代とそれぞれ2500年ずつの真逆の
プログラムで魂の進可を組み込んでいます。

まとめ

・宇宙のプログラムは、地球上では1万年単位で入れ替えを
　している。

・1万年は2500年ごとに4つに分けられている。

・魂の進可の仕方は、2500年ごとに違う。

・2500年ごとにヒルの時代とヨルの時代を交互に行う。

・ヒルの時代は楽から学ぶ（進可と呼ぶ）。

・ヨルの時代は苦から学ぶ（進化と呼ぶ）。

・ウイルスは、動物へと進可する。

・菌は、植物へと進可する。

・人間に進可するには8億年の魂の学びが必要である。

・8億年の間には、昆虫や爬虫類、魚や動物に何度も生まれ変わる。

1万年は2500年ごとに4つに分けられている

　「地球上の進可の過程を1万年ごと」にした理由は、人間には解りません。人間の進可が1万年で進むようになっているのでしょうか。私たちの寿命は80歳を超えます。しかし、過去の1万年間続く人間の歴史を見ると、縄文時代や弥生時代、明治時代初期までの5000年は、なんと平均寿命は、38歳ほどでした。現代の半分ほどです。現在も他国の平均寿命で37歳という国があります。この数字になにか秘密がありそうですね。「魂の生まれ変わり」と言われる皿を再生してこの世に生まれるのに300年ほどかかるらしく、2500年で計算すると、だいたい5

16

回ほど生まれ変わります。もちろんこれはざっくりとした計算ですから、数字に信憑性はありません。そして「祖の時代」と呼ばれる以前の時代に生まれ変わった場合「皇の時代」に決して生まれ変わらず、この間魂は大地に眠るわけです。この数字を見ると1万年の長きにわたる地球上の移り変わりのうち、人間として生き、この世で成長する回数は、10回ほどになるのではないかと予測します。

魂の進可の仕方は、2500年ごとに違う

　先ほど「祖の時代と呼ばれる以前の時代に生まれ変わった場合、皇の時代に決して生まれ変わらず、大地に眠る」と解説しましたが、この祖の時代や皇の時代は、ヨルの時代とヒルの時代の別名で、この世界はヒルの時代とヨルの時代が交互にやってきます。これを分ける要素は、「于由光線」という宇宙にある太陽のような光が地球に届く時期をヒルの時代といい2500年間続きます。この于由の光には、人間の心を進可させる要素があり、この間は心が中心になる時代です。もちろん魂の進可は自由に心を発展させるものとなり、樂しく楽に生きることで学びま

す。これが今始まった時代の事です。

　しかし、「子由光線」が届かないヨルの時代は、物質文明を発展させるべく、心は成長を止め苦しく進化します。この時代の中心は、耐えて物質社会を全員で進化させることにあったのです。魂の進可の方法は、子由光線が当たる時期と当たらない時期で真逆になるのです。ヨルの時代のしんかは、心が成長しないので「進化」と書きます。ヒルの時代のしんかは、心が成長するので「進可」と書きます。この字の違いも大切なのです。

2500年ごとにヒルの時代とヨルの時代を交互に区切られている

　これは、子由光線が要因であると説明しました。この子由光線は、光自体がとても微量なため肉体にも影響を与えます。子由光線が当たる時期は、なんでも楽になるため体力も非力になり軟弱で男女ともにスリムになっていきます。しかし、子由光線が当たらない時期は、何をするにも努力が必要で、体力がつきがっちりとした体格が必要になります。

　2021年はこのヨルとヒルの中間、移行期にあたり、軟弱と呼ばれる子供たちが生まれ、驚かれている最中です。例えば、走っ

ただけで骨折する子供の報道に驚きを隠せませんが、ヒルの時代はゆっくり楽に生きる時代なので当たり前の出来事です。重い荷物を持つことも減り、ヨルの時代のように重いランドセルを背負うこともなくなるでしょう。タブレットが教科書になるので軽くなっていきます。

ヒルの時代は楽から学ぶ（学びを進可と呼ぶ）

　ヒルの時代の中で、今は皇の時代と呼びます。前回のヒルの時代は秸の時代と呼び縄文時代の縄文人の時代です。この時代は楽が中心で、ゆっくりと樂しみながら進可していました。現代のような建物はなく、大地で集まり集落で協力しあいながら暮らしていました。恋愛も自由恋愛で、特定のパートナーがいてもいなくても自由な時代でした。

　今回の皇の時代も樂しく学ぶ時代ですが、祖の時代の影響がまだ残るので、移行期と呼ばれる500年間が終わるころには自由恋愛に移行し、互いに満たされるパートナーを得て発展しているでしょう。

　この時期は、精心文明が中心で低次精心文明が秸の時代、

高次精心文明時代が皇の時代です。

ヨルの時代は苦から学ぶ（進化と呼ぶ）

　ヨルの時代は、祖の時代と呼び、私たちには一番なじみのある13年前までの時代です。前回のヨルの時代は祖の時代と呼び弥生時代から始まる弥生人の時代です。この時代は苦が中心で、物質社会を苦しみながら発展させ進化してきました。現代の建物を生み出したのが、祖の時代の人々で、束縛とうそ・ごまかしの中で学び続けたのです。

　苦労から学ぶ時代ですが、祖の時代の後にくる藝の時代では、「最高峰のつくる喜び」が待っているので、物質社会は皇の時代を経て技術力では最高に達します。この時期は物質文明が中心で低次物質文明が祖の時代、高次物質時代が藝の時代です。

ウイルスは動物へ、菌は植物へと進可する

　このテーマに触れるには「魂は金星で菌とウイルスに分かれる」という一文がすべてを表しています。つまりどのように振り分けられ、どうして自分が人間に進可したのかは「永遠の謎」というこ

とにします。しかし、植物と動物の進可や役割は違うことはわかりました。植物として進可すると人間にはなれず、人間は植物に擬態したとしても植物自体になることはならないようです。

　ただ、この両者は地球上では互いに関わり助け合う要素となっています。一方的に植物が人間の犠牲になっているという意見もありますが、植物の魂の進可方法がわからないので、一概には言えません。

　植物は魂がないという人もいますが、これは人間とは違う役割と違う進可をしていると考える方が妥当と思います。植物の寿命は長いもので千年を超えるものもあります。人間の進可から考えると、佇みながら千年を超えて変化を見続け、わが実を与え続ける植物は超越した何かを感じます。

　植物は酸素を供給しています。人間にはなくてはならない存在です。昼間は光合成をして酸素を作り、夜は呼吸をして二酸化炭素を放出しています。このことに思い至った時に、ヨルの時代に言われていた「朝一番の朝つゆのある木の下で空気を吸うとよい」という情報が間違いであることに気づきました。夜は植物も呼吸をしているので、二酸化炭素のたまり場になっています。

光合成は昼間しかしていません。つまり、夜は植物も人間も二酸化炭素を放出し、酸素を奪い合っています。ヨルの時間、ここにも祖の競争原理が働いています。

　植物は、昼に光合成と呼吸をしています。一方で二酸化炭素を放出し、一方で光合成をして酸素を供給しています。この時、呼吸より酸素の供給の方が上回るので、酸素が木の周りには溜まっています。この空気を吸うと澄んだ酸素を体内に取り込み、同時に気のエネルギーも補えます。

　このような仕組みを見ると、植物と人間界は互いに協力し合い、進可するというプログラムがあるのではないかと思います。

人間に進可するには8億年の魂の学びが必要である

　魂が再生と死を繰り返しながらウイルスから昆虫となり、爬虫類や両生類に進化し、哺乳類へと学びの場を変えていきます。この過程がなんと8億年もかかるのです。それこそ、24時間生きることのない生物から、数十年を生きる生物の生きた合計が8億年だとすると「コという大宇宙」が7京年で1周するなかで進化するのですから、77京年で10億以上の進可といわれても

納得します。

　途方もない時間のなかで、ゆっくりと進可したのがあなたの魂です。8億年を経過すると人になると言いましたが、人間になったばかりの人は、普通の生活は出来ません。前世での記憶は動物ですから、習慣として勉強をしたり働いたりは出来ません。いつも寝たり起きたり、自我が強く他人の話は理解することが不可能で、環境になじむことのみが学びなのです。

　8億年を経過したのち、初めの2億年ほどは人間社会を知るためにあります。物質社会のルールのなかで「生活」「人間関係」「協調」という人間社会で生きるコツを学びます。だから、社会になじめず自分勝手に生きているように見える人も、人間社会を学んでいる最中なのです。

　10億年を過ぎると人としての一生がわかってきて普通に社会生活が送れます。10億から13億年までの人の特徴は、見えない世界を信じることは出来ず、自我の強い人が多いです。この見えない世界を「信じるのか？」「信じないのか？」という部分の違いのようです。

　皇の時代は13億年以上の子供たちが生まれ始めていますの

で、今後は見えない世界が当たり前に語られる、魂年齢の高い人たちが増えていくでしょう。

　人間は、18億年を超えてくると神のランクに上がるようですが、人としてこの域にある人は導き手として活躍していきます。

3　人になる前の魂

　魂がこの世に生まれ死に至り転生を繰り返した合計数が魂の年齢ですが、もちろんここにはウイルスから始まり、昆虫や爬虫類、魚や動物への進化も入っています。金星で菌とウイルスに分かれてから足されていく魂の年齢は、人間になる前は短命で何億回も生まれ変わっています。

　面白いことに、この生まれ変わりの途中で得た環境が、人として生きる際の魂職に関係があります。大工になるには海の生物で大工の基礎を学ぶようです。確かに、魚が自分の家を作り子供を育てる映像を見たことがありますが、あの時に「将来優秀な大工になるのか」という視点で見ていなかったのが残念です。

　人になる前の記憶は、「自分の意識でコントロールできるほど

の自覚」としてではなく、単純に習慣として残る人がいます。例えば、こだわりが動物的な人はいませんか。また、ものの見方が偏っていて、一点に集中しすぎる傾向の人とかがいますよね。これは前世の習慣が残っていて、本能で行っているのです。魂の年齢が10億歳に近いほど偏屈な人が多く、18億歳に近い人ほど菩薩様のように優しい反面、厳しさもあります。ですから相手の性格を画一的に偏屈だと批判するのではなく、未熟な魂として大切に接してほしいと思います。なぜなら、動物的な一面を持つ人ほど、不安を感じた瞬間にあなたを敵と感じて攻撃に転じる可能性があるからです。

　動物的と表現しましたが、もちろん動物も学ぶことが決まっています。集団性を学ぶ種族や個別に生きる種別がいるように種族により学ぶことが違います。

　「不安⇔安心」この心が動物の心理では主なものになりますが、これは人間になると未熟な感情とされます。喜怒哀楽という感情が動物の種別に進化している場合もありますが、多くはこの不安なのか、安心なのかの2択で行動が決まります。これはこの地球上、人間界の愛が「安心の安」と言われていますから、

原理にかなっています。安心を学ぶために不安があると仮定することが、動物であった魂の進化において、行動原理を決める基準となるのです。

人間に進化すると次々学ぶことが増えていきます。この学びは魂年齢ごとにありますが、これとは別に人間の年齢にもあります。次に人間のリズムとして解説します。

4　人生のリズムを知る

あなたが人間として生きるために、年齢ごとに学ぶことがプログラムで決まっています。これは寿命と関係がありそうです。リズムの中にある次のステップに進まない人は、ここで寿命が尽きるという意味です。

例えば、寿命が短かった時代の平均寿命は、35-38 歳ほどでした。現代の半分しかありません。この時期は、「労：ろう」と呼び自分の魂職のためのゲイを身に付ける時期です。ここで寿命を迎える人は、魂職へのステップアップ準備期間なのでしょう。何度もこの時期を繰り返し、魂が動物だった頃までに培った

出来事を魂職としてスタートするための材料を集める時期なので

しょう。このリズムを知ると、自分が今何をすべきなのかがわかり

ます。一つずつ見ていきましょう。

〔年齢とリズム〕

　　0歳〜7歳　童 ドウ

　　8歳〜14歳　放 ホウ

　　15歳〜21歳 羽

　　22歳〜28歳 貢 フン

　　29歳〜35歳 労 ロウ

　　36歳〜42歳 徒 ト

　　43歳〜49歳 支 シ

　　50歳〜56歳 代 ヨ

　　57歳〜63歳 僮 ドウ

　　64歳〜70歳 稚 チ

　　71歳〜77歳 教 キョウ

　　78歳〜84歳 導 ドウ

　　85歳〜91歳　ワウ

　　92歳〜98歳 施 セ

99 歳〜105 歳　貴　キ

106 歳〜112 歳　朗　ロウ

113 歳〜200 歳　廊　ロウ

17 段階のリズムがあり、これらにすべきことが決まっています。

1　0 歳〜7 歳　童　ドウ

　7 歳までに地球上で生きていくための情報を入力し、身体を作る時期である。身体とは肉體と書き、体とは入れ物であり成長する心を包むものである。

0 歳〜3 歳

　一番大切な学習時期です。親が将来のためにと子供の成長を操作すると、不要なごみ（情報）ばかり吸収して本来の自分の才能を発揮することが出来ません。本来この時期は見守りの時期で、やりたいことを探す時期です。

4 歳〜7 歳

　幼児のよだれは、外部のゴミから守るためにあるのでこのよだれが止まるまでは特に干渉しないことが大切です。これが止まってから基本的なことが出来るようになるので見守りましょう。

28

　０歳～７歳までは、肉體形成・肉體成長の時期であり地上で生きていくための能力を身に着けるためにあります。脳は肉體をコントロールするためのものであり不要な情報を入れてしまうと弊害が起こる。

〈 幼児期、早く脳を働かせると起こる弊害 〉

　　・寿命が短くなる

　　・凶暴性・野蛮性・不安定などの精心的異常が生じる。

　　・免疫低下などの肉體的異常が生じる。

　親の役目は、安定して安心できる環境つくることが基本で、子供を教育するためではありません。教育は専門の魂職を持つ人がいるので、必要に応じて出会います。出会ったときに子供の才能を伸ばす相手に託せばよいので、魂職ではない人が他人の道（子供の道）に入れば皇のルールからずれますので、子供も親も苦労する祖のエネルギーをつかみます。当然苦労が待っています。

　ここまでが母親の免疫と子どもの免疫はつながっているので、病気をしたら母親の思考で治すことも可能です。

2　8歳〜14歳　放 ホウ

　8歳から自分の意思で興味を持ち始める時期です。7歳まで
が肉體の成長なら、8歳からは精心の成長時期です。これは遊
びを通して学ぶので、興味のあることを進んで取り入れましょう。
世間といっても狭い範囲での世の中を見て学ぶ時期です。

　・精心が自由である→遊び→心の成長→思い閃きが成長

　大人になって皇の思考は閃きが中心になります。この過程を省
いて勉強や習い事漬けにすると、よい閃きの降りない苦労する大
人に成長します。

　習い事は本人がやりたいものをさせ、学習は自分の興味のあ
るものをさせましょう。興味があればどんどん知識を吸収します。
逆に興味の無いものは0点に近くなり落差が生まれます。育つ
はずの才能がつぶれてしまいますから、子供が嫌がるのに無理
強いするのはやめましょう。環境があっていないために嫌がる場
合と、そもそも興味がないのかにより、塾や習い事を辞めるか変
えるか考えましょう。

　子供の人格は親の付属物ではなく、全くの他人であり成長も
別の道を歩みます。「家業を継がせる」というのは祖の習慣なの

で、親子ともども苦労します。視点を変えましょう。

将来の独立・自立はこの段階で決まります。しかし、あくまで心の成長段階なので肉體は未熟です。

この時期の対策

　　・他人と比べない

　　・好きなことを応援する

　　・子供の望みを具現化する環境を作る

　　・嫌なことをさせない工夫をする

　　・肉體的な未熟さには気を遣う

　　・放任と見守りは別である

3　15歳〜21歳　羽

　15歳からは世間の羽（よいわるい）を学ぶ時期です。多くの体験を通して自分に必要な学習を始めます。特化して学べる環境を作りましょう。

　例えば英語を幼児から学ばない方が良い理由は、海外に行って知っている英語で話せると勘が働かず、脳が処理してしまい経験としては乏しいことになります。逆に英語を知らずに海外へ行く

31

と、必死で相手の表情や言葉の音から状況を判断しようとして勘が働き何倍も知恵が身につきます。

本格的な学習は15歳から始めます。早い人は魂職に出会い15歳から会社を興す場合があります。親が子供の発想を認め、自分から学ぶ機会を奪わなかったことが早い時期から魂職に出会う方法です。

親からの独立もこの時期で、育てるという役目は終わります。育てる役目が終わると動物と一緒で親離れは進みます。生涯戻ることはなく、関わることもない子供たちを薄情だといって縛るのは祖のルールです。戻らないわが子を「よく自立した」と言って送り出しましょう。

4　22歳〜28歳　賁　フン

ちょうど適齢期と呼ばれる次期で、異性を意識して学んでいきます。異性から嫌われるのは、どういう自分なのか。好まれるのはどの部分なのか、好き嫌いを学ぶ時期です。心も見かけも着飾る時期で対人関係を学びます。ここは異性への興味の次期で、他人に興味を持つのとは違います。

5　29歳～35歳　労 ロウ

　ここから魂職である「藝」を身に着けて「藝人」としての学び
が始まります。藝人には三種類あり、それぞれ役目が違います。

　・弥人（ゲイニン）

祖の時代に多くいた職人のことです。苦労から学び、職を身に
付けた人で、苦労してプロになりました。しかし、これからは生
きられなくなります。苦しい仕事は全て先がなく、変化していきま
す。

　・藝人（ゲイニン）

皇の時代で、魂職に就いたプロで他人に認められ、自他ともに
樂しい仕事になります。これからは藝人でないと、生きられない
のです。

　・藝人（ゲイニン）

芸能人がなるゲイニンです。

6　36歳～42歳　徒 ト

　第二の好奇心が起こり、人を見て歩く時期です。世の中の環
境（原因）を見て自分が行動を起こし、自分の環境を作り上げ

ていく前の段階で、まず見て体験していきます。

7　43歳〜49歳 支 シ

　1つのことをやってみる時期です。過去の42年間で培った精心の成長とあまたの経験から魂職の学習が始まります。環境も変わり、自分のための鐶境（自分が作った自分のためのかんきょうはこの字を使う。環境という原因から自分で作りだした結果のこと）をスタートさせる時期でもあります。

　自分のことをするのはここまでで終わり、つまり49歳までに自分に関する事がすべて終わります。ついに他人のために働く次のステップへ上がります。

　ここまでを見て、各時期に学ぶものがあり、意味がありました。これを知ると「自分のこと」だけを学ぶ人の寿命が短い理由がわかる気がします。

8　50歳〜56歳 代 ヨ

　ここから自分の学んだことを他人に教導していく時期で、105歳まで続きます。第二段階での初めは、自立・独立から始まり

34

ます。やっと人のために時間を使う立場になりました。

9　57歳〜63歳　僮 ドウ

　他人のために必要なことを身に付ける時期です。精心的なことはまださきで、最初に土台を確立しましょう。57歳〜60歳は、魂職のための学習期間、60歳から本格的に魂職へ集中していきます。

10　64歳〜70歳　稚 チ

　やっとここで、他人のために精心的な成長が完成します。この歳を過ぎて暴力的、排他的、攻撃的な人は徐々に生きられなくなります。自己主張は卒業となり、他人のために自分の経験をつかって手助けができる人のみ、次へのステップが可能です。

11　71歳〜77歳　教 キョウ

　「71歳を過ぎてから起業し、世の中のために尽くす人がいる」これは皇の時代では当たり前のことです。71歳を過ぎて初めて人に教えることが出来るようになります。

12　78歳〜84歳　導 ドウ

導きが出来る。やっと人生の経験から他人の道に干渉する術が完成します。相手の道を奪うのではなく寄り添う導きが出来るようになります。

13　85歳〜91歳　ワウ

自分の舟（自分の運勢・自分の力）に数千人〜数万人を乗せて動けるようになります。多くの人を導き支えることが出来るという意味でもあります。

14　92歳〜98歳　施 セ

自分の舟に乗って人に施しが出来るようになります。神になるための学習が始まります。

15　99歳〜105歳　貴 キ

趣味人と呼ばれる貴重な存在になります。他人のために自分の技術を教える立場になます。やっとここで施しではなく教える道に入ります。

16　106 歳〜112 歳　朗 ロウ

樂しく過ごすようになり、この世界のなにものからも愛され、喜びが沸き上がります。

17　113 歳〜200 歳　廊 ロウ

ここまで、健康で幸せに生きたら人としてのすべて終わらせ二度と生まれ変わることはなく、神へ昇格していきます。あの世へかえりたくなり後は次のステップへと進む準備が始まります。

死期の 2 年前にはお知らせがあります。死に方は、死ぬ瞬間を誰にも見せず、穏やかに終わります。

人生全てが、自分の自立のためであり、樂しく暮らす（遊楽）ためであり、努力のすべてが報われます。

これらは、人間が学ぶ課題です。

0 歳〜14 歳で基礎は終わり、早い人では社会的自立のために起業したり、仕事についたり、芸術や技術を発揮し始めます。

15 歳〜28 歳では、世間を見て歩き、良い悪い、好き嫌いなどの人とは何かを学んでいきます。

29 歳〜35 歳までに藝を身に付ける修行ですから、他人の干

渉を気にせずに、自分の道を模索してください。

　36歳〜49歳でやっと第二の好奇心が始まり、ここにきてやっと自分の生きる環境を模索し始めます。自分を取り巻く環境が原因を作り、自分がこの原因を受けて行動をした結果が鐶境です。この年になり自分の鐶境をつかみ、次のステップである他人のために時間を使う進化に進みます。ここまでが自分に集中し、自分のことをする段階で、やっとこの歳になり自分のことは卒業となります。

　50歳〜63歳の段階で自立が始まり、自分の鐶境を整えていきます。物質面から整っていくのです。まだこの段階では精心面には到達しません。60歳から本格的に魂職へと入ります。

　64歳〜70歳のこの段階でやっと精心面の完成となり自分は何者でどこに住み、何をするものなのかが決まり、自分が完成します。

　71歳〜98歳のこの年代は、他人を導き、施しを与え、多くの人を救う道となります。やっと自分に背負える人が増え、多くの人の役にたつという役目を果たします。

　99歳〜105歳ここまでが他人のために自分の技術を伝え、

助けることが出来る時期です。

　106歳〜200歳のここからは、社会のために働き、楽しく人生を過ごしていきます。最後は神のための進化で多くの人に影響を残しこの世を去っていくのです。

　魂の進可は、あなたの想像を超えるほどのプログラムの上で緻密に動いています。もちろんこれらを管理する存在もいます。嫌なことや嬉しいことがあると感情がふれて上下しますが、これらも一つの経験というプログラム上での出来事です。では、苦しみはどこからきてどんな役割があるのかを見ていきましょう。

〜〜〜〜♡〜〜〜〜♡〜〜〜〜♡〜〜〜〜♡〜〜〜〜

コラム 〜 一人になって考えること 〜

　これからの時代に自立をする際、他人に依存することはなくなります。この場合の自立は、経済的・精神的自立を指しますので、結婚することが自立ではありません。

　結婚していても、あくまで自分の生活は自分の経済力で支えることが自立となります。もちろん、突然このような環境にはなりませんから、少しずつ考えてください。

　ちょっと、イメージトレーニングをしましょう。

たった一人しかいない世界にいたとします。もちろん猫も犬といません。あなた一人です。たった一人で毎日飽きることなく続けることができるもの、これこそが魂職なのです。

　何か思い当たりますか？

　自立の中で必要なのは

　「何ものにも頼ることなく続けることがある」

　この条件に当てはまるものです。

　自分の中で毎日続けても飽きないもの、　全貌はわからなくてもなんとなく見えてませんか？　ちょっと、想像してみてください。これからの生き方が変わりますから。

まとめ

　一人になったらどんな生き方になるのか？

　考えてみよう。この発想から不要なものが見えてくる。

第二部
自分の苦しみは自分で作る

1　引き寄せの法則の効果

　一般に言われている「引き寄せの法則」をご存知ですか。私もこの「引き寄せの法則」は、願いを叶える方法として効果があると信じています。ただ、かなり自分でも研究をして考察したところ、願いが叶う効果がある場合とない場合を発見しました。ない場合は、逆に苦しい事を引き寄せている場合があり、間違えると苦しむだけなので、一緒に考えていきましょう。

　よく言われる引き寄せの法則とは、自分の意識が変わると環境が変わると言われる方法で、方法論は唱える人によって変わります。言葉で文言を唱えたり、文に書いたり、映像で見たり、一見すると自分を洗脳するイメージもあります。しかし、これらの方法論は、ほとんどが自分の脳へのアプローチです。つまり、自分の脳内記録にある、マイナスイメージを払拭する作業を繰り返すことで、マイナスな出来事を繰り返さない、という意味があります。イメージがしにくいので箇条書きにします。

①悪いことが続く。

②脳の記憶にネガティブなことが多い。

③良いイメージを書きだす。

④脳にポジティブなイメージを植え付ける。

⑤ネガティブなことが減る。

　このような仕組みです。逆も成り立つので以下で解説します。自分が好きになれない理由も、この引き寄せの法則に関係があるということです。「自分が気にいらない」という心理は、直接脳に「自分が気にいらない、嫌いになる」という行動を起こせと潜在意識で命令をしている可能性があります。この命令は、自分のことを考えた瞬間に否定したり、嫌ったり、悪態をつくことで命令と脳がとらえてしまう危険があるという意味です。

　有名な水の結晶の実験をご存じですか。この実験は、同じ条件下の二つの部屋で、片方は良い言葉だけを洗面器に入った水に語ります。片方は、水を否定する言葉だけを言い続けます。この二つを冷凍して結晶を作りました。すると良い言葉を語り続けた水の結晶は、素晴らしい形をしていて見たこともない見事なものだったそうです。もう片方の否定した水の結晶は、結晶が砕けてバラバラになり、一つも形を成していなかったそうです。この実験から、言葉が結晶に影響を与えていることが分かります。

これを毎日自分の体や脳に向けて発していたら、心身だけでなく自分の運勢さえも悪くしていることになるのではないでしょうか。言という皇の言葉は、発したことで遥か遠くまで言葉の持つ命令が届くそうです。言で望み（自己否定や愚痴なども含む）を言うと、全ての生命に伝わってしまうような言葉なのですから。見える世界では、私達は非力です。言葉が何かを動かすほどの力があるとは思いませんし、研究でも脳の力はまだよく分かっていません。しかし、脳はあなたの人生を作るために日々頑張っているのです。本来は肉體を健康に保つために存在しているのに、否定や願望や暴言さえ受け止めているのです。これを防ぐには、「嫌なものは見ない」この一言に尽きます。

・自分が嫌なら自分のことは考えない。

・うまくいかないなら、「どうしたらうまくいくのか」を考えて、自己否定はしない。

・嫌になったら熱めのお風呂に入ってあら塩で全身こすって、桶のお湯を30杯くらいかぶって邪気抜きをする。

・自己嫌悪に陥ったら、寝具を心地よいものに変えてゆっくりと寝る。

　あなたが自分を否定しなければならない環境は、あなたがいるべき場所ではありません。必ず変化は起こります。引き寄せの法則は効果があります。ただし、脳の記憶をリセットしていく作業ですから、自分の世界から嫌な記憶を消しながら良いものを引き寄せてください。

2　脳の役割

　ここで言う脳はどんな役目をしているのでしょう。皇の時代では脳の役割も祖の時代とは変わります。

　祖の時代は、皿（ペイ：肉体）に多くの見えない存在が宿り、この存在があなたの行動やご縁、経済など生活の全てに指令を出して、あなたが進化するためにコントロールしていました。苦しみから学ぶために嫌なことが繰り返されていたのです。この為、心の異常を受けて、脳は病気や思考の異常をおこし、あなたに苦労を科す役割をしていました。というのも、脳は命を守るために存在しています。だからもともと健康を維持する司令塔として働くときが、一番効率よく命を守るはずなのです。この脳に、あ

45

れこれ悩みや不必要な情報収集などの処理をさせると、体の健康を保てなくなり、病気になっても修復が追い付かなくなり、回復が遅くて慢性の病気になってしまうのです。

　脳はあくまで命令に従っているので、「嫌なことを考えたり、他人の悪口を言ったりすること」が脳にとっては「すべきことの命令」と捉えてしまうのです。

　例えば、「あの人嫌だな」と考えれば、あの人嫌だなと感じることを引き寄せてしまうから、「あの人が嫌」という気持ちが脳に命令を下し、「あのひとを嫌になる何か」と巡り合うようにセッティングされてしまうのです。

①あの人が嫌だな　←想像する

②あの人は嫌な人だ　←脳が受けた命令

③あの人が嫌になる出来事　←引き寄せる

④やっぱりあの人は嫌な人だ　←引き寄せた結果

　脳は主語を理解しないので、誰がしたということを自分がしたこととして認識するようです。

　例えば

　Aさんがスマホを落とした→自分が落とす

Ｂさんが浮気された→自分がされる

Ｃさんが損した→自分が損をする

言葉が命令になることを知ると、日々付き合う人も変えないと、不幸を自分から引き寄せる事になります。

3　言で引き寄せる

もちろん皇の時代にも、この引き寄せの法則に似たものはあります。これらは、皇の思考にもある「言」（げん：言語ではなく生命に共通する言葉のこと）による願い成就の方法と一緒です。願いを言で発すると、望み通りの結果になると言われるものです。言で願いを発すると、思うすべてが叶うと言われています。この言は「言葉であり言葉でない音」で、喉の奥を振動させて出す言葉、皇の時代に使われる世界共通のコミュニケーション方法です。

例えば、言で動物に話しかけると動物にも通じるといわれ、数百光年先までも音として伝わるようです。こんな遠くまで自分の願いが伝わったら、「見えない世界」の力は協力してくれます。

47

しかし、あまりに広範囲に伝わってしまうので、なんでもかんでも言で願うのは、逆に恥ずかしいと思ってしまいます。

4　引き寄せる結果の原因は誰が作るのか

　引き寄せの法則で気を付ける点は、「願い事を書くときの内容と心の状態が一致しているのか」という点です。しかし、心の中で誰かを憎みながら仲良くしたいと願ったら、憎むことが仲良くすることと一致してしまいます。「今ここに心を置く」と自然の愛が降りてくるので、憎しみを抱きながら仲良くしたいと願うのは、危険ではないかと思います。実際に何度もこのようなことで実験しましたが、心の状態がよくないときに引き寄せるものは、苦しいことばかりでした。それは祖の時代が苦しみから学ぶ魂が進化する時代だったからでもあります。

　祖の時代に願い事は、おおよそ思うようには叶いません。これは祖のシステムを知るとわかります。祖の集団には、必ず中に「嫌な人」を１～２人混ぜておき、この嫌な人がいることで、脳に異常をきたすことが組み込まれていたのです。この異常が大切で、

異常を起こした脳が苦労を引き寄せ、苦しみながら修行に励むのが、祖の時代の進化法でした。つまり祖の時代では、願っても良いことは叶わず、苦しみすぎない修練が、進化には必要だったのです。この名残がまだあるので、嫌な人がいる集団では、脳のイメージも湧かず、閃きもおりず、辛い思いを引き寄せてしまうのです。

　皇の時代は、すべて自分で引き寄せていますが、プラスを引き寄せるとはかぎらないということです。結果とは、あくまで原因があり、この原因が自分にあるのが皇の時代です。つまり、嫌な結果を作ったのは自分なのです。

　この世界は、輪廻転生を繰り返しています。この場合の因果とは自分で作るものだと解釈されています。しかし、どうやって作っているのかというと、あなたに与えられた環境の中で自分が原因を作ります。この原因によって結果が決まります。自分の環境を憎んだり否定すれば、未来からやってくる出来事は自分にとって嫌なことばかりです。耐えれないなら環境を変える必要があり、工夫をすることで変わるのであれば、自分の努力で環境は変えられます。環境→自分→結果→環境変化この繰り返しです。

5　引き寄せたいのに引き寄せられない理由

　脳の力でイメージをしようとします。しかし、具体的にイメージが出来ない場合、脳は冊さん奴さんへ（冊さん奴さんという見えない存在で、あなたの秘書のように働く存在です。これについては、後述します。）適当なイメージを伝達します。「イメージが細部にわたるほど、願いは具現化する」と言われますが、この細部にわたるイメージとはどんなイメージでしょうか。例えば、おいしいラーメンを食べたいと思ったら、おいしいと感じるラーメンの味やにおい、食感を思い浮かべてみましょう。私はラーメンの煮卵とチャーシューが好きなので真っ先にこれを思い出します。チャーシューのとろける触感や、しょっぱさの中の甘さや、煮卵のトロリとした味と、混ざり合うキミのおいしさが浮かびます。野菜を乗せるなら醤油ラーメンのもやしが好きです。淡白なもやしをスープにからめると、もやしに味がしみこんでおいしいです。今から行きたくなりました。

　具体的であるほど「行動したい！」という情報が脳に指令を与えるのです。ラーメンくらいは簡単に願いはかないそうですが、

恋愛や仕事、自分の才能はどのようにすればよいのでしょうか。
詳細のわからないものは引き寄せられないと考えてください。だ
から、仕事なら自分がなりたい状況と同じ状態の人の情報を集
めたり、成功している場合の資料を集めたりしましょう。この時に
イメージがわかないものは自分には不要であり、ゴミでしかない
ことを意識してください。調べることで相手の不要な情報（ゴミ）
が入ってしまうと、かえって苦しくなり引き寄せが失敗します。仕
事に就く前の場合は上記のように資料集めや動画で自分の未来
図を検索してイメージを膨らませることができます。逆に仕事のト
ラブルを回避してもっと楽に働きたいと願うなら、トラブルなく才
能で困難を乗り越える話を選んでください。恋愛ならここで三角
関係・不倫・離婚・意地悪などのストーリーを選ぶと自分にも
似たようなことがやってきます。奇想天外なストーリーでないと「つ
まらない」と感じながら漫画や本を読むのは害にしかなりません。
絶対にやめましょう。奇想天外な苦痛が楽しいと感じたのは祖の
時代の感覚なので、皇の時代には不要な感覚になるからです。

6　祖の思考と皇の思考の見分け方

　では、あなたがマイナスしか引き寄せない理由をまず知りましょう。次にプラスを引き寄せる方法と自分が何を引き寄せているのかを知る方法を述べていきます。

　見えない存在の代表は、神様やご先祖様ですが、常に体内にいてあなたの行動のサポートをしている存在に、冊さん奴さんという方がいます。この方たちは自分ではエネルギーを持たず、あなたの皿の中にいて24時間働き、体の健康サポートを奴さんが請け負っています。奴さんはあなたの心を読み取り、冊さんに伝えて、経済や人間関係を引き寄せる存在です。この方たちが皇の時代では、神様やご先祖様がしていた役割を全て担い、あなたの望み通りの人生を一緒に作り上げるのです。

では、この方たちがどんな存在で、何を担当しているのでしょうか。体内にいて健康を司る奴さんは、毎日あなたの脳から来る信号を受けて冊さんに体外の縁を付けてもらうよう指示だししています。じつは、皇の時代にはこのように働くのですが、祖の時代にはあなたの思いをうけるのではなく、神・神・先亡縁・先祖な

どの皿に入っていて、あなたの行動をコントロールしている存在の命令しか聞きませんでした。まだ祖の冊さん奴さんの指示で動いている人は多くいます。

　例をあげましょう。祖の時代は全てがマイナス思考で嫌なことが起きる世界でした。この時代に働いた冊さん奴さんは、常にマイナス思考で幸せとはマイナス１になることだった。辛いことを美徳とする「働かざる者食うべからず」という諺が示すように、アリとキリギリスでは、アリが絶賛され、楽しく遊びほうけたキリギリスは死に至るという結末を迎えます。これが祖の時代の代表です。もう少し突っ込むと、アリの女王は、暖かい部屋で多くの部下にかしずかれ栄養価の高い食事をとり、子供を産むことが使命でした。まさにこれが象徴しています。

　さて、これはあくまで過去の時代です。既にプラスの世界である皇の時代の冊さん奴さんは、全く働き方が違います。どこが違うかというと、皿から去っていった神様を含め見えない世界の存在が抜けたことで、あなたの魂からの記憶に沿って今は信号が降りるようになっている部分です。冊さん・奴さんが正常に働いていると、時計はいりません。朝起きる時間には自然と目が覚め

53

ます。忘れていた用事は、直前に思い出します。必要なものは次々揃い、自分が考えなくても環境が整います。ゴミという悪い他人の気が自分につくとすぐにわかります。今まで正常に動いていたことやものが、突然思うようにいかず狂ってしまうからです。電車に乗ろうとしたら行ってしまったり、時間に間に合うはずが電車は遅れて遅刻したり、朝寝坊したりと次々ズレていきます。このズレに気づけば修正が可能です。

　ここであなたの冊さん奴さんが皇のものなのか、祖のものなのかを調べてみましょう。まず、自分の知っている正しい情報を人に聞いてみます。相手から返ってきた答えが間違いなら、間違いばかりを教える祖の冊さん奴さんが働いています。逆に正解ばかりを教えてもらえたら、皇の冊さん奴さんが働いています。早速調べてください。もし、祖の冊さん奴さんが働いていたら以下のことを試してください。既に、皇の時代のエネルギーとルールが働きだしているので、常に結果は皇の結果です。自分がズレているからこそまだ祖のエネルギーで動いているのです。

ズレの修正方法

　１好きで樂しくて楽なことをする

2 相手に喜ばれる商いをする

3 ゆっくりのんびり行動する

4 運動はなるべくしない

5 他人のために働くことを減らす

6 人に興味を持たない

7 約束をしない

8 損得勘定で動かない

9 一生懸命努力をしないこと

10 腹7分目でたべすぎないこと

これらを日々実行していると、自然と冊さん奴さんが変わり、自然ともぴったり合っていきます。

コラム ～ 褒められると ～

人は不思議と褒められると精神的に安定します。誰でも良いので褒めてもらえる人のそばに人は集まります。だから、まず自分から他人を褒めてみましょう。褒める方法は、自分ができないことを相手が簡単にしてくれた場合、これが何であれ「すごいと思う」とか「嬉しいです」などの言葉をかけましょう。

この効果は絶大です。なぜなら、この繰り返しにより自分の周りに心地よい集団ができるからです。もちろん、自分が中心でも良いですし、他の人が中心でも良いのです。

自分のできない部分を補ってもらい、ここを評価するだけで心地の良い集団が出来上がるのです。

この発想こそ皇の思考です。

まとめ

皇の思考はプラスの発想から心地の良い集団作りへ

〜〜〜〜♡〜〜〜〜♡〜〜〜〜♡〜〜〜〜♡〜〜〜〜

コラム 〜 エコヒイキされること 〜

あなたは、他人を贔屓（ヒイキ）したことはありますか？「贔屓する」という言葉は良い言葉では使われませんが、あなたはどう思いますか？じつは、祖の時代はあまり歓迎されなかったこの行動が、皇の時代は良いことに変わります。

というのも、祖の時代は誰もが同じ教育、同じ努力、同じ方向をむく必要がありました。しかし、皇の時代は自分価値観で生きる時代です。誰かに贔屓されようが、誰かを特別扱いしようが善なるルールへと変わります。ここで気を付けることは、エコヒイキ

することでいじめやセクハラが隠れている場合は、悪になります。

あくまで誰かの能力をかって、特別扱いすることを指しています。

他人と比較するために贔屓するのは意味がありません。

　あなたは煙たがられる人ですか？

　贔屓される人ですか？

　自分の価値観で動き、相手に特別扱いをされるのなら、ここが

あなたの居場所です。嫌がられる環境は、誰かの居場所を奪っ

ています。すぐに立ち退きましょう。

まとめ

　皇の時代は、贔屓されるのが当たり前である。

第三部
自分をつくるもの

1　祖の時代は操り人形だったわけ

　祖の時代と呼ばれるヨルの時代は、于由光線が地球に届かず、心の成長が止まる時代です。このプログラムは、2500年間続き、あなたの魂をあやつり人形のようにコントロールして進化させた時代です。ここの仕組みを解説しましょう。

　まず、すべての人は、自分の肉体を覆う皿（ぺい）を持っています。この皿があることにより自分の内と外が分かれて進可するのです。魂だけでは進可することはできません。この世に生まれた瞬間から皿の中で学び始めます。祖の時代、この皿に何が入っていたのかというと、先亡縁・神・神・冊・奴という見えない存在が入っていました。そして、信号を送って自分の意思とは関係なく人生を送っていたのです。しかもこの信号は、社会のルールであるうそやごまかしを日々していたのです。嫌なことを我慢しながら、し続けるようプログラムされていたのです。

　つまり皿の中であなたの魂は、自分が考え、自分が望んでいると思っていた全ては、あなたに信号を送り苦しいことから学ばせる見えない存在のあやつり人形だったのです。これは自分の意

思ではなく、宇宙のプログラムであり、祖の時代ではこれが進化の方法でした。

2　皇の時代の自分中心主義

　皇の時代が「楽で樂しいことから学び進可するプログラムによって動いる」ことによって、あなたは突然プログラムの変化を現実社会で体験しています。この変化は世界中、全てで起きているのですが、特にあなたの周りでも「変だな」と感じると思います。どんな風に変になったかということを挙げてみましょう。

・自分のことを主張する人が増えた

・優しかった人が冷たくなった

・おせっかいな人が増えた

・外に出られなくなった

・家族といると苦しくなった

・虐待に耐えられなくなった

・会社での意地悪に耐えられなくなった

・お客さんの中に非常識な人が増えてきている

61

・好きだったものに興味がなくなった

・全員が同じことをしていたのに個性を出せと言われるように

　なってどうしていいかわからない

・やる気が出ない

　などいろいろあります。変化といえば聞こえはいいですが、今まで感じていなかった嫌なことが、皇の時代に入ってから感じるようになり、変化が起きているだけなのです。日々、「なんなの？この状況は！」と感じるのがこれです。

　この嫌なこととは、あるプログラムに変更するために宇宙全体が変化したことによります。「祖の時代のルールである隠されてきた嘘を明らかにして、楽で樂しい学びに変える」出来事であるため、仕方がないのです。

　つまり、あなたは全体主義の祖の時代では、自分を押し殺し、周りの空気に自分を合わせてきました。自分に嘘をつき、周囲の意志に合わせて、思考も行動もとってきたのです。各自が苦しみを抱えて、我慢の限界を超えても自分をごまかしながら生きていたのです。人苦しめた人ほど地位が上がり、お金持ちになれました。この時代の人間は、神の奴隷であったとも言われていま

す。皇の時代は重労働のようなものはロボットが全てをするようになるので、変化は既に始まっています。とりあえず全体主義を回顧してみましょう。覚えがあるもので。

　例えば、学校の授業は一斉授業でした。この授業の中では、自分の解らない事を先生は説明してくれません。というのも、教科書には説明すべき「あんちょこ」があり、最低限説明する事が書いてあります。これを説明して「意味が解らない」という生徒がいた場合に、追加で説明はしますが、説明後に関係する問題が解けない生徒がいても、自分で考えるように宿題という形で課題を与えました。全員が解るまでとことん教えてくれる先生はいないという意味です。更に言うと、逆に解っていても他の生徒の邪魔をしないように、静かに授業を受けなければならな生徒もいます。これらの生徒は、逆に自分の課題をしたくても授業と関係ない問題をすることは禁止されています。全員が同じ方向を向くのがルールだったからです。善悪ではなく、社会のルールだったから全員が我慢を強いられていたのです。つまり時間は有限なのに、各自がバラバラで学ぶことは許されず、学校という縛りによって内容が先に決まっていて、各自の能力とは関係のない教育

を受けさせてきました。ここまでの出来事が祖のプログラムです。実際に皇の時代の変化を挙げてみます。

　教育現場の一斉授業が崩れ始めているのが「コロナ禍」に登場したタブレット授業です。理解度の早い生徒は、タブレットを見ながら自分のペースで進めることが可能になりました。理解ができない生徒は、タブレットなので誰に遠慮をすることもなく、繰り返し授業を見ることができます。この変化は、宇宙のプログラムが変化したから起こることです。たとえ政府が提唱しても、現場の教師全員が動くのは難しいですから、宇宙プログラムの変化を実感する出来事です。

　また、食事場面でも変化は起きています。食事は「家族と一緒に同じものを食べる」ものでした。平たく言うと全員で食べることが、今までは当たり前で、嫌いなメニューでも体にいいとか、あなたのために作ったのだから、などの理由で我慢して食べさせられました。しかし、コロナ禍では、狭い家の中で家族全員が毎日過ごし、お互いにストレスを感じるようになりました。少しずつ状況が変わってきて、食事時間も食べ物も個食へと変化していきます。自分の好きなものを食べるのが皇のルールですから、

食事も各自が自由な時間に、食べたいものを食べる形式に変化していきます。嫌いなものの中には、アレルギーで体が受け付けない食材があることもわかってきましたし、家庭内でのコロナ感染が浮き彫りになり、個食が勧められ、全員が向かい合っての食卓は推奨できません。

　祖の時代に当たり前であった全体主義は、徐々に個人の意思を尊重する個人主義へと変化してきているのです。この個人主義は各個人が尊重されるという意味です。つまり自分中心の考え方で、他人に指図されない自由で自立を伴う自分中心主義となります。

　皇の思考の特徴であるこの自分中心主義は、時に誤解を招きます。「自分さえよければ他人はどうでもよいのか」と思われてしまうからです。これは違います。各自が自分に責任を持ち、自立を目指して努力をするという意味であり、方法論に樂しみながら楽に学ぶというルールがあるのです。

　ただし、自分中心主義で忘れてはいけないのは、他人の道に踏み込んではいけないというものです。どんなに自分が中心でも他人の自由を奪うのはルール違反となります。

3　いらない感情をゴミと呼ぶ

　祖の時代は、多くの苦しみを抱えるために、脳に沢山のゴミと呼ばれる情報や感情を詰め込みました。このゴミを詰め込むことにより、楽しいという感情はたまにしか感じる事はできず、日々気を使い、うそをついて自分をごまかしながら生きたのです。ちなみに過去の「大人の対応」の意味は、祖の生き方であり忍耐という意味です。我慢も祖の代表です。

　皇の時代になり、このゴミを徐々に皿の外へ出す作業が始まっています。「フワッと浮き上がる過去の嫌なこと」こんな感情に苦しんでいませんか。突然浮き上がる記憶は、皿から出ていくときに起こる現象です。もちろん記憶が蘇るだけではなく、体が辛い・心が苦しいといった症状の場合もあります。これは体にため込んだ祖のエネルギーが出ていく現象です。これらの不快感と皿から祖のエネルギーが出ていくことに関係性があれば、ごみ処理中なのだなと気づくのですが、わからないと病気ではないかと不安になります。

　この不安がまた問題で、不安を感じたとき、心は未来にあり

自然の軸とズレるので、嫌なことがやってきます。

この場合の不安と、前者でのゴミが皿から出ることは意味が違います。辛い・苦しいしいうこのような感情が、特にゴミと呼ばれる過去の祖の出来事です。

　皇の時代は心の時代ですから、心を成長させるプログラムが働いています。心のゴミである他人を縛り、干渉し、他人の道に入る行為は全て禁止となります。もしも他人の道に入ったら、口出しして他人の道に入った人も、相手に同意し、自分の直感ではなく相手を信じた人も苦しみます。自由・自立がこれからのルールです。このルールを侵す行為をこのゴミと呼んでいるからです。

　「他人のため」というのがこれにあたります。よくありますね、家族のため・子供のため・部下のためつまり弱者である〇〇のためと言って相手の成長する機会を奪う行為です。この感情こそがゴミなのです。

　現在自然がこのゴミを浄化中で、この浄化方法は何種類もあります。自然災害が起きて、建物ごと祖のゴミを破壊するケースは稀ですが、これからは増えていきます。もちろんこのように大きな災害として浄化が起きるほかに、体外に祖のゴミがでる状かも

あります。突然哀しくなって泣き出したり、吐き気が起きて吐いてしまったり。感情が揺さぶられて苦しくなったり、突然ある人の事に興味を失ったり。それまでの自分では考えられない変化があるとしたらこれはゴミが体外に出て、新しい道を歩み始めた証拠です。これらのゴミが体外に出た後は、自分でも不思議なほど執着が減っているはずです。このゴミは慾と結びつき、あなたとあなたの周りの人を苦しめてきましたから。この慾は執着として体内の細胞に存在していたのです。

4　魂職を間違えると進可はしない

特に、家業を継ぐという親の背負う使命を、子供に受け継ごうとする人がいます。これは祖の時代の習慣で、皇の時代には各自の生まれてすべき使命があります。この使命とは、魂に書かれているプログラムです。この世に生まれ、何億年も皿の中で学び続けた職が、全ての人にはあるのです。この職を魂職と呼び、生涯続けても飽きることなく極めていく「何か」です。魂職は、技術であったり、能力であったり、集中力であったりと、こ

68

の方法論は多岐にわたります。全世界の人がそれぞれもつ能力ですから、全世界の人の数だけあるのです。魂職は職種ではなく表現する「何か」なのです。例えば服を作る魂職の人は服を作りますが、子供服が得意であったり、古着を作り変えるのが得意であったり、小物作り専門であったりと、同じ能力でもお互いが微妙に違う力をもち、自分のファンがつきます。ウェイトレスが魂職の人は、接客サービスの分野にたけ、この人がいる日といない日では売り上げが3倍も違う、というほど技術が卓越しているのです。

　だから、自分の魂職でない職業を選ぶと、どんなに努力をしても技術は普通で、特に能力は発揮されず、苦しい生き方しかできなという結果になります。今はまだ祖のエネルギーが残っているので、お金に困らないだろうという理由で職業を選ぶという本人の意思とは別の力が働いています。だからどうしても家業を継ぐケースも多いです。これは魂職ではないので、楽に楽しく学びながら働くことは不可能で、この世で学んだ知識と情報に振り回されてしまいます。

　魂職は、自然と「どうしたらよいか」がわかる能力です。例

えば、私が本を書いたこともないのに文を書き、本作成ツールで原稿を書き、発売してすぐに750冊売れたことは、自分でも理解できない能力で、たった半年でここまで来ました。こういう経験はありませんか？ あればこれがあなたの魂職です。経験がないという方は、まず自分がし続けても楽しいことを捜してくだい。

5　自分の魂職が判る方法

　樂しいことを捜し、夢中になってくると皇の考え方も皇の思考になっていきます。「仕事について夢中になってしまい、食べることも寝ることも忘れてしまう」こんなことは当たり前になります。このような仕事に就くには、ある程度することがあります。その前に、魂職の書かれた場所の説明をしましょう。

　じつは、魂職が記憶された場所があります。ここはコンロクと呼ばれ、魂の中にあります。祖の時代はプログラムによりコンロクへのアクセスが遮断されていますので、あなたは自分の持つ能力を何一つ発揮できずにいました。しかし、皇の時代となり、コンロクへのアクセスが可能になりました。祖の思考で祖のエネル

ギーを沢山持っていると心にゴミ情報がつまり、コンロクへのアク
セスはできなくなります。ですからこのゴミが何か、ゴミを捨てる
にはどうしたらよいのかを述べてきました。更に以下の1〜5では、
魂職に就くために必要なことを述べていきます。

① 　心の状態

・どんなことが起きても「自分に必要なことである」と考え、他

　人のせいにしない。

・好きなことを選んで実行し、嫌なことから遠ざかる努力をする。

・自立のためにも、他人を頼らない。

・何が起きても自分が全責任をとる。

・脳には樂しいことをする。

② 　体の状態

・楽なことをする。

・好きなものだけ食べる。

・体が辛い時は休む。

・人に合わせない。

③　行動

・家の中をすっきりさせる。

・ゴチャゴチャな行動や、持ち物を全て整理する。

・自然や世の中を見て歩く。

・他人に気を使わない。

④　商売について

・他人から奪うようなお金儲けをしない。

・うその商売をしない。

・他人のためだけになることはしない。

・自分も他人も喜び樂しめることをする。

・自分の宣伝をしない。

・ボランティアはしない、利益の出ることをする。

・他人の真似をしない。

⑤　その他

・気に入らない人とは会わないようにする。

・少人数で行動する。

・自分の居場所がなくなったらその場を去ること。

　これらを実行し、魂職に出会うと元手は０で、チームに加わる人も用意してくれて、働く環境も整備されて、自然とお金も降りてきます。ただ、まだ皇の時代への移行期なので、魂職が発揮されるまではお金が他から補充され、仕事もダブルワークの場合が多いです。

　魂職に関係ありますが、人間界で使える数字は９までで、グループとして使える数字は８となっています。この数字が魂職にも関係があります。いろいろなタイプの職がありますが、これは８種類のタイプに分かれていきます。これが何なのかはまだ明らかではありません。ただ、技術職であったり、サービス業であったり、アーチストであったり、人を守る仕事であったりと８種類に分かれているのです。これは、波動で分かれるようで、波動の合う人と一緒に仕事をする意味でもあります。八つの島と表現され、ヨルの時代に大きな舟に全人類で乗り、ヒルの時代に各島に上陸し、気の合う人たちと仲良く暮らす。こういう意味でもあります。

　波動とはオーラのことで、この波動が合わないと考え方も違います。同じことを話しているのに、気付くと違う内容を互いに主

張しあう光景を体験したことはありませんか。お互いに自分の言い分を説明しているだけなのに、まったくかみ合わず、平行線になる相手のことです。どちらが正しいとか、間違っているという単純なものではなく、根本的に同じステージに立つ事のない相手との間に起こることです。例えば、自分は今すべきことを話しているのに、すべきことが正しいのかどうかを言い出す人いますよね。早く仕事を終わらせたいのに、仕事の内容の是非を言い出す人とか。どの価値観も正しいのですが、自分にとって今これが必要なのかどうかは別問題でするここで一番重きを置くのは、樂しいのか？という側面ですが、疲れ果て、早く終わらせたいのにいろいろ言われて不快になるのは当然です。ですから一番重要なのは、「しようとすることが、楽であるのか？」「時間が短いのはどの方法か？」この点になります。この点で話し合うとスレ違いも最短で終わります。無駄な時間はどんどん切り捨てて、自分の時間を大切にしてください。魂職に出会う前に、波動の合わない人に何人にも会います。そして何度も否定されます。しかし、このルールが解れば心に傷を残すことなく離れていくことができます。あくまで大切なのは、魂職に出会う事ですから。

〜〜〜〜♡〜〜〜〜♡〜〜〜〜♡〜〜〜〜♡〜〜〜〜

コラム 〜 魂職 〜

　魂が記憶している仕事のこと

　この一言で語るには足りませんね。

　魂職は、皇の時代に全ての人が持つ、自分だけの仕事です。他の人と比較されるのではなく、自分のファンが自分の仕事を認めて投資してくれます。ざっくり言うとこうですが、魂職にたどり着くにはどうしたらよいのか？ここが一番問題なのです。自分の魂の中には魂職がなんなのか？もちろん記されています。過去の経験も課題も全て記憶されています。

　この記憶を引き出すタイミングが人によって違うことが問題なのです。本の中にはあまり書かれておらず、具体的なことはわかっていないのが実際です。ですが、わたしが見る限り徐々に魂職の芽が出始めているように感じています。私もこの配信や本の執筆、人へのサポートが魂職であろうと思います。皆さんも、自分のすべきことがなんとなくわかってきていると思います。特に、私と話をした人は鮮明にわかってくるのではないですか？

まとめ

　魂の記憶の中に「魂職」は記されている。自分の進む道は自然とやってくる。

　YouTube を毎日アップしています。以下の二次元コードから登録してください。毎日あなたに語りかけています！

　この YouTube を、毎日かけっぱなしにする方法があります。このホーム画面の全て再生を押すと 24 時間、動画再生し続けます。そして、これをかけっぱなしにすると、なぜか皇のエネルギーが噴き出るので、小さい奇跡が起こります。YouTube から、あなたに奇跡をプレゼントしますよ。

第四部　自分を知る

1　自分の作る原因を知る

　自分が作った原因をお話しするのに 4 つのことを順番にお話ししていきます。

　☆宇宙プログラムの原因と結果について

　☆自然の一部としての原因と結果

　☆人の世界の原因と結果を作るもの

　☆自分が作る原因と結果

　原因にはいくつもの括りがあります。あなたに起きた出来事の原因は、必ずしも 100% あなたが原因で起きたことではありません。その他の要因もあるのです。

　例えば、『 自分がすべきこと A をせずに、他人に迷惑をかけてしまい、相手が怒ってしまった』という事例で解説しましょう。

原因→　自分が A をしなかった。

→　相手の望む結果とならなかった。

→　相手の損が発生した。

→　相手自身のせいで起きた損害ではないので怒った。

　「この出来事の原因はどこにあるのでしょうか ？ 」というと驚く

事でしょう。どう考えても自分がAをしなかったからだと考えますね。しかし、この世界はあなたがAをするために多くの仕組みが組まれています。あなたがAをするのに適した環境、人間関係、社会情勢、天候、心の状態、時間、これらをひっくるめて「タイミング」と呼びます。このタイミングを決めるのはあなたではありません。

☆環境は、Aをするずっと以前からセットされています。

☆人間関係はAをするために準備されています。

☆社会情勢も、Aをするタイミングに合わせてあります。社会情勢よって、実行可能か不可能かも決まるからです。

☆天候により体調不良もあれば、天災により変更を余儀なくされるケースもあります。

☆心の状態は、自分でコントロールできます。

☆時間も、自分でコントロール可能です。

☆タイミングとは、全てが一致した時にAを実行することが可能であるという意味を持ち、ほとんどが外的要因に由るものであることを知っていただきたいのです。ということで、最初の例題、あなたがAをしなかったためにということの原因は、「あなたがA

をしないことで相手との関係を断つ必要があった。または、しないことで新たな契約が発生した。」という、しないことにより起こる「何か」こそ必要な出来事だったのです。相手への謝罪と誠実な行為は必要ですが、起きたことの結果をしっかり見てください。自分に起きる全てに課題があり、学びがあるのですから。

①宇宙プログラムの原因と結果について

　あなたも含め、地球が存在するためには偶然が無限に重なり合っていることは、周知の事実でしょう。一方で、この地球が偶然に存在したわけではないことも理解されていますね。つまり偶然と思われている地球という大切な存在は、何かの意図と仕組みにより、精巧にプログラムされた世界であることも解ると思います。人間がこの全貌を知る事は生涯ないでしょう。しかし、この知りえないことの一部であっても、私達人間は知りたいと望むのです。

　この難問に科学や物理学、スピリチュアルなど、全世界の能力者がチャレンジしています。私が説くこの理論でも、宇宙プログラムについて見えざる意志との交流で解き明かし、実験により

解ったものを伝えています。

では、あなたの見えない世界の話をしましょう。全ての「ものやこと」は、陰陽の両側面を持つと言われています。この陰陽とは、見える世界を陽とするなら、その世界を動かしている世界を陰とします。この陰なる世界の仕組みに、原因と結果を創り出す、「行・望・業」という神の世界の仕組みがあります。宇宙プログラムのことは第四部で展開しています。ここで述べたことに関連がありますが、数字の意味を先にここではお話しします。この世界の原因とは、決して一つずつがバラバラに存在しているのではありません。

例えば、あなたがコーヒーを飲むための原因は、あなただけが特別に作られたプログラムによるものではなく、疲労・ストレス・嗜好・休憩などのいくつもの要素が重なり、何人もの人と同じ条件が揃った時に、コーヒーを飲むという結果が来るのです。

原因：ストレス・嗜好・カェイン不足・休憩・疲労など

結果：コーヒーを飲む

原因は何種類もあり、一つではなく、しかも日々作り続けるものであり千差万別です。コーヒー1杯でも、原因と結果という一

連の重なりがあるのです。

　この原因を作り続ける段階を宇宙レベルで見ると、于由（宇宙「コ」の中心）の周りを11週する間に作り続けます。この周期は1周が7京年ですから

　7×11週＝77京年

という途方もない年月をかけてこの世界は、原因を作り続けているのです。ついにコの宇宙は、12段階目・12週目に入りました。于由の周りを77京年かけて12週目に「1994年8月8日」に入ったのです。ですからこの世界は、急激に変化を始めています。今までのどの時代よりも、この100年間は目覚ましい変化を起こすはずです。人間に課されたプログラムが変更になったのではなく、ここの世界全てのプログラムが、11週77京年という時を経て新たな段階に入ったからです。この11と12の違いをみましょう。

　1〜11とは、原因を作るプロセスであり、ここで創り出された全ての原因が、この後にくる12という段階で結果を生み出します。これは数字の決まりごとのようなもので、この世界を動かすルールと考えてください。

宇宙のルールに数字で管理されているという側面があるようです。特に1回転・2回転ごとにプログラムが変わっていくというルールです。この1〜11までは原因を作るにあたり、ルールを決めたり、ものごとが始まったり、素材を作ったり、材料を用意したりと1回転ごとに何かのテーマがあり、ルールに従い、すべきことが起こるのです。もちろん、魂はまだ20憶年程度しか生を受けてから経っていませんので、この宇宙があなたの魂のために用意した環境を造るための時間を、具体的にあなたが知ることは、未来永劫不可能です。

ここで使っている数字の役割と意味について、簡単に書きだします。この世界の今後の行方も併記します。

0　「ゼロ」の世界から何を造るのか決める段階

1　材料を決める段階

　＋材料と−材料を分けるのもここでする

2　表と裏、対なるものを決める段階

3　＋と−が上記の「2」の段階で揃い、ゼロという空間から
　必要なものを選択する段階

4　ルールを決める段階

5 スタートさせて不足を洗い出す段階

6 回転させて不具合をあぶり出す段階

7 いよいよ実行する段階でここまでくると止まる事はなくなる

8 回転が始まり一人ではなく対となって動くという動作中心の段階

9 人間界の段階はここまで、1〜8を受けて結果が出て神の段階へゆだねる

10 9を受けて分裂する段階。分裂の方向を決める

11 11は1〜10の原因を受けて次の段階を生み出す
　10と1に分裂する数字である。新たに1が生まれ分離する

12 11の段階で新しい1が生まれ全ての要素が揃い、この11までの全ての原因を受けて12という段階は結果、つまり終わりが始まる。次の13という段階で消滅

13 未来永劫を決定する
　つまり12の原因をうけて今後が決定、空間は崩壊に向かう。

14 この段階でゼロ・無に戻る。塵さえもなくなる。

　数字で表すと、このような段階になります。宇宙プログラムの結果とは、結果を受けて新たな宇宙を創り、古い宇宙は消滅す

るというプロセスを経るのです。あなたの人生は地球の上で成り立ちますが、地球を作っている世界もまた、プログラムの中で再生と破壊を繰り返すのです。

②自然の一部としての原因と結果

　人間は、祖の時代に人間社会の一部に自然を取り込んでいました。自然物を搾取し、破壊し、破戒も繰り返してきたのです。今、皇の時代へと移行する中で自然の力が再び強くなり、人間は自然の一部へと取り込まれていきます。これはヨルの時代に自然も寝て、ヒルの時代に目覚めるというプログラムによるものです。この変化により原因と結果が現れます。自然が目覚め、人間の住む範囲を決めてしまいます。全世界的に起こる天災はこの影響であるといえるのです。この天災・災害を人間の力では止めることができません。これこそ自然界の原因と結果です。人間の意志ではなく、自然の意志が働き人間の住む世界を定めていきます。私たちは命を守るため、引っ越しを余儀なくされ、一部の土地は動植物の住処へと変化していきます。この住み分けは、皇の時代に入り加速しています。大規模な山火事、水害、土砂

災害などは命の危険がある最大級の災害です。これらが繰り返される地域に住むことは危険を示します。人間には理解できない原因があり、結果として「住むことができない」ことがやってくるのです。

　これら自然の力に逆らうことはもちろん、人間の意志でコントロールすることさえ自然は拒みます。ここには、人間を幸せにしようとする力も働くため、将来には海に沈む地域は、津波や水害により何度も危険を教えてくれます。将来土砂災害で住めなくなる地域は、土砂による道路閉鎖を繰り返します。川の氾濫により水害のある地域も将来海抜が上がって住めなくなる場所でしょう。人は天災により、より技術を向上させてきました。しかし、今後は技術革新ではなく、共生という住み分けを考え、自然に住処を明け渡すことも考えましょう。動物たちが安心して暮らせる場所を提供することも大切だからです。

③人の世界の原因と結果を作るもの

　人の世界で原因と結果を作る数字は、宇宙レベルのこととは違います。人間が関係する数字は、原因は1〜8で9になると結

果がでて分裂するという形をとります。

　人間界の数字は 1 〜 8 を使います。1 から始まって段階が 8 まで進むと別のものへ変化するという意味でもあります。また、グループを作る際に 8 人までのグループは作れるけど 9 人になると分裂するという意味でもあります。

　先に述べた数字を見ると、今自分はどの段階にきているのかがわかります。自分が関わっていることが、3 の段階（人が集まり新しいことを始めようとしている）なのか、すでにルールが決まりスタートした 6 の段階なのかというように考えてください。すると、8 の段階まできて意見が分かれたら、もう次の 9 の段階で分裂する時期だと分かります。これはルールで発展するために起こるので、互いの意見が合わずに起こったことではありません。多様な集団が活躍するのが皇の時代ですから、分裂して互いに別のプロジェクトに成長しましょう。

④自分が作る原因と結果

　では、自分が作る原因と結果はどうなっているのでしょうか。もちろん全ては魂心に書かれておりあなたがのぞき見することは出

来ません。更に、何をしても原因を作っている自覚はなく、結果を知ることしかできません。この世界はまだ見える世界しか見えないようにプロテクトされているのです。

　祖の時代の輪廻転生といわれる因果とは何だったのでしょう。それは、皿の中でコントロールされ、あなたは外の世界で起こる出来事をテレビで見るように感じていただけでした。因果も転生も全てプログラムをした存在が与えた幻影にすぎなかったのです。あなたが「自分がしたと感じたすべて」が、「あなたがすることリスト」に載っていて着実にひとつずつ実行されていたのです。

　では、皇の時代のリンネテンセイとは何でしょう。(リンネテンセイ：祖の時代とは全く意味が違うので、カタカナ表記にします)これは、自分の魂職に出会い、更に技術を増していくことです。この技術を磨くことで新たな原因を作り、未来に新しい結果を引き寄せる、全て自分の努力とコントロールによって産み出します。

2　生まれた才能を伸ばそう

　自分の中に沸き上がる衝動があるとしたら、もうこれを止めてはだめです。どんどん追求しましょう。

　例えば、カレーパンが好きな人がいました。カレーパンを追ってどこまでも行きます。カレーパンのおいしい食べ方も日々探し出し、一つでも多くのカレーパンを食べるために冷凍法も編み出しました。この方曰く、キッチンペーパーを濡らしてカレーパンを包み、ビニールで真空状態にして冷凍すると、おいしさが逃げないそうです。解凍はせず、霧吹きでシュッシュッと二回全体にかけてオーブンへ。これでおいしいカレーパンが復元できます。この方、凄いと思いました。カレーパン協会も作ってしまったし、他人から見たら「カレーパンですよね？」と言われかねないことですが、追求して自分の満足を求めて、幅広く活躍されています。

　このように、スタートはただのこだわりですが、魂職になりえるものには終わりはなく、淡々と発展する「何か」なわけです。あなたの中にあるこだわりは宝なのですから、掘り起こしましょう。

　今現在自分の中で好きなものや興味のあるものがわからなくて

も心配はいりません。楽なことをし続けると心の中に余裕という空間ができるので、ここに興味が湧いてきますから。これこそ魂に刻まれた記憶の蘇りです。

皇の時代　配信用公式 line

　こちらの配信は、毎日 facebook と YouTube を組み合わせて作っています。facebook や YouTube は、公開設定なので、全世界へ配信しています。これに比べて、line は、つぶやいたりクローズドだから離せることをアップしています。皆さんが line に書きこんだことは見ることができるので、おしゃべりもできるようパワーアップしていきます。

〜〜〜〜♡〜〜〜〜♡〜〜〜〜♡〜〜〜〜♡〜〜〜〜

コラム 〜 他人が気になる 〜

　他人が気になる気持ちって、自分の中で違和感があって気持ち悪いですよね。好きな人であれ、嫌いな人であれ、自分の時間をどんどん奪っていくのに、気になって他のことができない。

　よく猫がまったりしている最中に、カタっという小さな音に驚いて、それから気になって仕方なくなり、まったりタイムは頓挫してしまう。これと一緒です。

　あなたは気付いていないようですが、他人の事を考える時間を感情のゴミと呼びます。だから、悩みも愛情も時にはゴミでしかないのです。

　この感情についたゴミは、なんと！後日あなたに苦しみというプレゼントを背負って再訪します。

まとめ

　他人が気になる時は、ゴミをため込んでいることに気付きましょう。一番大切なのは、あなたが自分の樂しみにあてる時間です。

3　時間と空間は対で存在する

　自然はあなたがズレた時にお知らせをよこします。転んだり、ぶつかったり、事故を見たり、事故にあったりと徐々にお知らせが大きくなってきます。このお知らせに気づかないと、苦しみが増えていきますが、ゆっくり行動することでこのズレは解消されていきます。

　このゆっくり動くという意味は「時間と空間」の関係から説明しましょう。時間とは、形のない時のことです。時間に物質的なものを感じることはありません。しかし、実際は空間と時間は密接な関係にあります。

　見える世界の時といえば、時計です。時間は1分間が60秒と決まっています。この時を計るのにクォーツ時計が一般的です。クォーツ時計の中に人口の水晶が入っていて、これがある方法で時を刻みます。水晶に微量の電気を流すと水晶は振動します。この振動を水晶振動子と呼び、水晶振動子は、1秒間に32,768回振動します。1秒間に振動する数をHzで表すので、水晶は32.768Hzで、これは2の15乗になります。　2進法で振動

を測るカウンターなら15桁でちょうど1秒となり16桁目に次の1秒が始まり、16という数字も2の4乗なので、正確に1秒が計れます。この時代に水晶が出来を当てると振動して、この波動が2の15乗だということで時計に応用されることは奇跡に近いと思いました。昔は、太陽の光と陰で時を計っていたのですから、凄いことです。

この「とき」の計り方は、あくまで見える世界の「とき」を計ります。では、見えない世界の「とき」はどういうものなのでしょうか。これは心と直結した「とき」があります。ここでいう見えない世界とは、あなたが実際に生きて感じている「とき」のことを指します。例えば今日は時間が長いなと感じる「長い時」とはどういう時間なのかという部分です。同じ1時間なのに、長くて5分ごとに時計を見たのは、小学校の授業中でした。経験がありますよね。この1時間が長く感じる、感じる部分が生きて感じている部分です。長くてとても辛い時間でもありました。

ここでいう時間は、空間と対を成す時です。「皇の時代はゆっくり動くこと」というルールがありますが。つまりこのゆっくり動くことで「とき」を最大に使い、空間を広げる結果を引き寄せます。

焦って小走りに動き、心をいっぱいにして余裕がない時は「とき」が縮まります。短い時間に多くの「ものやこと」を押し込むために、空間は狭くなり時間は長く感じます。時間は、「空間の積み重ねで出来上がる」と見えない世界では説明しています。時間と空間は対で尊座しています。時間を詰め込んでしまうと空間が狭くなるのですから。空間が狭くなると降りるお金も減るのでこれは祖の行動となるのです。嫌なことが増えて、疲れがたまり、ミスが増えるパターンです。

　逆にゆっくり動くと、時間は短く感じて多くの「ことやもの」が空いている時間に入ります。空間も広がります。あなたが何か不足したら、空いた空間に不足したものをおろしてくれます。皇の使うほど不足が補われるというサイクルに入るので、自然とのズレも解消します。

4　魂に記憶するすべて

　祖の時代は、心が働かない時代で、皿のなかの見えない存在が、苦しみから学び進化する時代です。2014 年に時代の夜

明けを迎え、本格的に干由光線が当たるようになり、楽から学ぶ時代へと変化しました。あなたの中で皿に入りコントロールしていた存在からあなたは離れ、自分の魂に記憶された「ものやこと」を理解して、魂職に出会い生涯を通して学びながら遊ぶ人生へと転換していきます。

　魂には日々すべての記憶が記録されています。この場所をコンロクと呼びます。あなたが産まれる前の記憶だけでなく、この間に起こったすべてが記録されています。この記録が次の結果を作る基になるので、あなたが考えたことが未来を作るというのはこういう意味でもあります。

　これら全てが無の世界で管理され、見えない世界に保管されています。これらの情報の一部を知る方法を聞きました。コンロクに書かれた情報の中で、肺に書かれたものがあります。寿命や体系、家族や睡眠、男女、人徳、人気、異性、性格など。肺葉に書かれているのです。

　これらの情報は、男女で引き出し方法が違います。自分で一部分は引き出せるのですから不思議です。

　女性は、左からエネルギーが入り右に抜けていきます。だから

右手を右の肺にあてて心落ちつけて無になりましょう。ここでいろんなことを考えていると、心に響く声をキャッチできません。ですからまず心を落ち着けて瞑想しましょう。瞑想したら自分の知りたいことを質問します。

例えば、「今日の夕飯にステーキを食べていいですか。」初めのうちは、声が聞こえないので、肉體の反応を感じてください。・

・ステーキといって「はい」と答えが聞こえる人は完璧です。

・声は聞こえないけれど体が楽になる。これはイエスです。

・質問の途中から体が硬くなるのは、ノーです。

では、男性はというと、右からエネルギーが入って左に抜けるので、左肺に左手を当てて質問してください。上記のような結果により、答えが判ります。

もし、この方法で答えが判らないなら、まだ未来があなたの起こした行動によって変わることを意味しています。ただ、邪念や疑いの気持ちで質問すると、脳からの信号でめちゃくちゃな答えが降ります。この方法を信じることで結果が解るのではなく、あくまで心を穏やかにして瞑想する気持ちで問いかけてください。この方法を極めていくと、質問が終わる前にイエス・ノーが返って

きます。つまり言葉が重なって聞こえます。私の場合、「本は書き上げられますか」と聞こうとして「本は」と質問したとたんにイエスと降りてきました。期日までに書き上げられるのかを聞いたのですが、きっと終わるのでしょうね。

　これは、誰にでもできる方法なので、ぜひ極めてください。

〜〜〜〜♡〜〜〜〜♡〜〜〜〜♡〜〜〜〜♡〜〜〜〜

コラム　〜　シンプルに　〜

　シンプルに生活してますか？

　シンプルとは

　・持ち物　・人間関係　・生活　・考え方　・仕事　・愛情

　など、多方面あります。複雑な愛憎劇をしてる人、そろそろ終わりにしましょう。仕事で難しいことしてる人もっと簡単で楽しい仕事はあります。持ち物でごちゃごちゃしてる人、減らすことで楽になりますよ。考え方をシンプルにすると心の余裕がでてもっといい運を掴みます。シンプルなのは楽なこと。大切にしてください。

まとめ

複雑なことは終わりました。楽でシンプルな生き方を選択しよう

〜〜〜〜♡〜〜〜〜♡〜〜〜〜♡〜〜〜〜♡〜〜〜〜

笑顔で過ごす方法を模索しよう

第五部　遠い過去から続く因果

1 12段階目のワワコという宇宙

　この世界の中心に太陽の様な存在があり、これらすべてを指して「コ」という大宇宙であるとこの理論は説いています。「コ」というのは宇宙の名前で、あなたが所属する宇宙は、「コ」という大宇宙の7つあるおおきな星団【惑宇宙】の三番目「第三惑宇宙」という場所です。コの大宇宙の中心にある太陽の様な存在を「于由」と呼び、ここから発する光を于由光線と呼んでいます。もちろんこの名称はここでの名称にすぎず、辞書にも教科書にも載っていません。500年も経つとここら辺が明らかになり名称も決まるのです。コの大宇宙は、于由により于由光線を出しています。この于由光線には心を成長させる力があり、あなたは今この光により環境が変化し、心の時代に入ったのです。この心の時代とは、操り人形だった祖の時代から、自分ですべてを決め自立する皇の時代へ入った、ということでもあります。

　地球人の歴史からすると、太陽はエネルギーの塊であり恵みをもたらす存在ですが、心の成長や物質文明の成長をプログラムしているとは解明されていません。これらのことが解ってくるの

は、皇の時代が本格的に始まってからです。今は祖から皇への移行期で 500 年間続きます。

于由光線が地球へ届くのは 2500 年間でヒルの時代と呼ばれます。その後の 2500 年間はヨルの時代と呼ばれる于由光線が当たらない時代です。この于由の周りを 7 京年かけて第三惑宇宙は一周し、現在 11 周が終わり、12 周目に入りました。これだけ見ると単純に「ぐるりと一周するだけ」と思いますが、違うのです。見える世界で一周しただけで、見えない世界ではプログラムの変化が起きているのです。

この世の中は、見える世界と見えない世界でできています。見える世界とは、物質世界の視認できる全てを指します。触れるものやエネルギーで、炎のように見えたり、電気のようにしびれたりするものは理解できます。しかし、心を成長させるプログラムなど、見ることはできません。太陽の光に情報が詰まっていたとしても、ここから情報を取り出すことはまだできないし、そもそもこの情報を解明する事すらできないでしょう。

これは、「11 周という途方もない時間をかけて于由の周りをまわりながら、コの世界の原因を作り続けていた」というプグラム

が働いていたのです。とうとう 11 周分の原因は 12 周目に入り結果を示す段階に入りました。77 京年を経て 1994.8.8 に 12 周目に入り、現在は見えない世界が現れだしたのです。

2　77 京年のプログラムとヒルの時代へ変更プログラム

　今回、見えない世界の話をしているのは、これから地球でも見えない世界が解るようになるからです。この見えない世界は、あなたが知っている霊体やオーラ、気のエネルギーだけではなく、波動エネルギーであるダークマターやダークエネルギーと名付けられた物の正体が解ってきます。この中に、光は情報を持っているという見えなかった世界も含まれます。実際に光を使って情報を送ることは研究されていて、機密情報にもかかわらず、世間に情報が漏れてきています。

　上記で説明している 77 京年という長い時間を理解するのは不可能です。ただ、宇宙のプログラムが多くの魂を進可させるために、あるプログラムに沿っていることは解ってほしい所です。このあるプログラムつまり、公転周期 7 京年の宇宙で、一周するご

とに『なにかしらの原因』が作られていくことなのです。

　一周ごとにつくる原因は決まっています。難しいので、今回は省きます。ここで二つのプログラムがある事に気付きましたか？一つは地球上のヒル・ヨルという２種類のプログラムで、樂しみから学ぶプログラムと苦しみから学ぶプログラムです。直接人間の世界に影響を与え、人間界の全ての仕組みを覆す自然災害や社会変革を起こします。もう一つは、宇宙全体のプログラムで、宇宙のむ進可度を示すものです。つまり公転周期７京年の１周するごとに起こる変化プログラムです。この二つのプログラムが同時期に変更されることは７京年に１回しかありません。この７京年に１回である1994年８月８日に起こった12回目のプログラムと、2014年に于由光線が当たり始めて変化して、ヨルからヒルへの変更プログラムが重なりました。凄い変化が、あなたの周りにも今、起きています。

　壮大な宇宙変化が、これからどんどん起きてきますので、あなたは思考を激変させてください。今までの思考では、この世界の変化についていけません。逆に、今までが苦労を強いられたプログラムだとするなら今までのことはすべて忘れましょう。新しく

やってきた縁と環境を大切にしてください。と同時に心の変化に従ってください。

3 自然軸とのズレの

さて、大まかなプログラムの変化はこの二つですが、楽で樂しく生きるためにすることがあります。これは「自然o軸と自分をぴったり合わせる」とか、「自分の心を今に合わせる」と表現される心の置き所を示すものです。于由光線が当たらないヨルの時代は、人間界は社会のルールが働き、他人を苦しめ、ウソとごまかしの多い人ほど幸せで金持ちになれました。他人を苦しめることが善なるルールであったと聞くと驚きます。これが心のないヨルの時代だから出来たことで、人を殺し苦しめることが当たり前に起きる時代はもう終わりました。時代が変わり、于由光線が当たるヒルの時代は、ウソもごまかしもルール違反となり、ウソやごまかしを含む全ての結果は、苦しい未来が来るという結果にしかなりません。この場合の苦しいとはなんでしょうか。それは、ヨルの時代と言われる祖の時代にルールであった詐欺やいじめ、セクハ

ラ、お金や人間関係の苦労です。では、どうすればこのような苦労を回避できるのでしょうか。

　これを説明する前にヒルの時代である皇の時代に降りる自然からのエネルギーについて解明しましょう。

　全ての生命体には、３つのエネルギーが常に降りています。

・情報エネルギー　→上から降りる

・物質エネルギー　→下から受ける

・生命エネルギー　→前から受ける

　これらのエネルギーが何を司っているのか、ズレると何が起こるのか、この二点を見てみましょう。

情報エネルギー

　情報エネルギーは、上から降りるエネルギーで、精神・対人・縁を司っています。このエネルギーは、「動エネルギー」で動くことに関係があります。人の縁や精神的な部分へエネルギーを補填しているので、このエネルギーを受け取れないと途端に喧嘩になり、いじめが起き、セクハラで苦しみます。特に心は不安を抱え、ストレスを発散するなどの管理ができなくなります。

物質エネルギー

　物質エネルギーは、下から受けるエネルギーです。これは、「造エネルギー」を司っています。造るエネルギーはまだヒルの時代に入ったばかりなので、働いていないため、今は物を壊して作る時代です。このエネルギーが不足すると、物質・経済・お金のトラブルが続きます。給料が下がったり、仕事が無くなったり、売り上げが落ちたり、出費が増えたりします。

生命エネルギー

　生命エネルギーは、前から受けるエネルギーで、生命・寿命・肉體を司っています。このエネルギーは、「生命エネルギー」で、生きるためのエネルギーです。このエネルギーが不足すると、免疫が下がり、病気に掛かりやすくなります。体調不良やだるさ、不快感が現れます。

　この三つのエネルギーを満遍なく受け続けるには、心を「今、この瞬間におく」ことが必要です。三点の交点に心があれば、全てのエネルギーを常に受け取ることができるのです。この心とはあなたが考える場所を指します。例えば、仕事中に先日行っ

たライブのことを思い出したとします。すると心が過去に行ったので、今からズレて心の不安を抱えます。過去にズレるのは生命エネルギーがズレるので、病気や不安を引き起こします。情報エネルギーがズレるというのは、精神世界や宗教に心がとらわれたり、物質やお金をバカにする傾向があったり、目下を見下し、目上にごまをするという祖の三種の神器を大切にしている場合がこれにあたります。物質エネルギーがズレるというのは、お金儲けに走り、他人の物まで欲しがり、精神に異常が出ます。上司や目上の人とのトラブルを起こし、目下の人ばかり大事にするとウィルス感染しても重篤になりやすくなります。

　簡単に心はどこへでも移動できるので、残念ですが自然の力を全て受け取ることは難しいです。そもそも祖の時代を長く経験している場合、悪しき習慣が抜け切れずにいつも心ここにあらずという状態だからです。しかし、皇の時代はあくまで心は今ここにあるべきです。このことを知れば、心が過去や未来に飛んだことを自覚できるはずです。日々自分の心を感じて修正ができますので大丈夫です。

ズレの種類

・思考と社会とのズレ→精神異常がおこる。

・肉體と自然とのズレ→天災にあう。

・行動が社会とズレた場合→人災や経済困窮、運が下がる。

・行動が肉體とズレた→肉體の異常が起こる。

・他人に合わせて自分を偽った→対人トラブルにあう。

・美味しくな食事→肉体的な異常が起こる。

・嫌な仕事をした→肉体異常と人災が起こる。

・心と思考を過去に飛ばす→後悔や怒り、新しい発想ができな
　くなる。

・上に意識を飛ばす→精神的なことにしか興味が持てず貧乏に
　なる。

・朝、目覚ましを掛けずに起きて、起きようと思った時間の
　直前に起きることができる。

・ふらりと家を出て、電車やバスがすっと入ってきたらタイミング
　ぴったりである。走って飛び乗ったらズレが生じる。いつまで
　待っても電車やバスが来なければ、タイミングがズレている。

・突然友人を訪ねて歓迎される。友人が不在だったら不運で、

在宅だったら良運である。

・欲しいものが行った店の一番最初に目についたところにある。

・信号が赤から青になるタイミングは、こころが前にズレている。

　気にせず歩いて青になるのはぴったりである。黄色は遅れて

　いる。過去にこころがいきすぎている。

自分がどのようにズレているのかが解ったら、ズレている心を

調整すれば自然軸とぴったり合ってきます。

☆良く寝ることです。良く寝ることで自然のエネルギーを取り込

　み、ズレの調整をします。

☆ゆっくり歩くことで調整されます。まわりの景色や動物の鳴き声・

　ささやきを観察しながら歩くことで植物や動物たちのエネル

　ギーを受けることができます。

☆樂しく遊ぶ時間を作ります。仕事ばかりしていると、どんどん

　ズレていくので、自分の時間を作り好きなことに没頭しましょう。

自分を作るのは環境です。環境が自分の原因を作り、この原因

によって環境が変わります。この繰り返しにより、原因と結果は

常にクルクル回っています。

ズレ→この場合はあなたの環境が自分の原因をつくっていると
は思いませんよね。心の在り方も、脳を使いすぎる癖も全てが環
境から起こるものです。寝れば改善するという単純なことではな
く、きちんと睡眠を確保できる環境をつくることや、ゆっくり歩い
ても心が焦らない時間配分、仕事や家事から解放されて、自分
に集中出来る暇をつくることが大切なのです。これらの起きたす
べての「ことやもの」は、あなたの魂のコンロクと呼ばれるところ
に書き込まれ、次への学びとなります。ですから、同じことを繰
り返すと「自然からそれはいらないことだよ」とお知らせが来て、
転んだり事故にあったり、病気になります。

　このズレをコンロクプログラムの異常が起きたといい、異常の
種類は、

　・遅れ

　・汚れ

　・狂う

　・一時的に止まる。停という。

　・壊れるつまり、無くなる、使えなくなる。

という形で現れます。

改善方法は、

・脳を使わない。

・時計に頼らない。

・他人に相談しない。

・ゆっくり行動する。

・全てすんだことは考えない。毎日がリセット。

・自然のままに逆らわずに生活する。

これらが身につくと、自然からの恵みが降りてきて、必要な時までに揃います。お金が必用なら、臨時でお金が入ります。服が必用なら、自分の予算より少し安い値段で手に入ります。ほしい物は、ふらりと立ち寄った店舗に売っています。会いたい友人には偶然会えます。時間やお金は、あなたが生活に使う分が入ってきます。前もって入ってくるのがぴったり心が今にある証拠です。あとから補填されるのは、少しずれています。

　日々、今だけを考える習慣こそ皇の思考です。「閃きが降りてきて実行したらうまくいった」というのが当たり前になります。あなたは考えることも、情報を集める必要もありません。今の自分を堪能する生活を送ってください。

〜〜〜〜♡〜〜〜〜♡〜〜〜〜♡〜〜〜〜♡〜〜〜〜

コラム 〜 バランス 〜

　今の時期、辛い失敗や自分の間違いが襲ってきています。これは、先日あげたように疲れが溜まっていたり、季節の変わり目であなたの判断ミスを誘う時期であったり、いくつかの要因が重なっています。だからといってミスが許されることはなく、失敗の責任も、のしかかってきます。

　これは「何かとのバランスを崩していますよ」というお知らせでもあるのです。つまり、焦ってやろうとしたり、時間に追われてやろうとしたり、余裕がない状態と疲れている状態が重なり起こったミスでもあるわけです。そう、これは祖のエネルギーが増えて起こるものです。

　自分の心の状態が荒れていたら休むことが先で、行動は休んだ後にすれば起こらなかった出来事だからです。失敗は学びなので自分を責めるのではなく、受け入れて次はどのように工夫し、チェックするのかを明らかにしましょう。心のバランスをとって、辛いことの後には楽しいことを入れて自分の心を守ってください。

まとめ

　　心のバランスを崩していると、辛いことがやってくる

コラム　〜　信じること、疑うこと　〜

　　人は自分が望む結果をいつも待っています。あなたは待ってることが沢山あるでしょう？

　　待っていることが沢山あるのはこれは当たり前です。いつも楽で樂しく生きようとしたら、何かを望むのは当然の感情ですから。

　　では、望むものが来なかったらどうなりますか？

　　好きな人が自分の望むことをしてくれなかったら？

　　友達が言ったことを守らなかったら？

　　家族が自分の希望を否定したら？

　　あなたの望みがいつまでも来なかったら？

　大抵は疑い嫌になりますよね？　さてここが大事です。疑い拒否するのは簡単なのです。しかし、今は祖からの移行期、皇への始まりだから、簡単には解決しません。望みを抱いても叶わない。このことにいろんな意味が含まれているのです。望んでることが祖の思考の場合は止められます。愛してる人でもうまくいかない

のは、祖の関係だから「この恋愛は不幸になるよ」「あなたには ふさわしい人が待ってるから」という自然からのメッセージです。

　自分が否定されたら？

　これもメッセージです。「あなたの場所はここじゃないよ」「あな たはもっと大切にされる場所と生き方があるよ」こういう、メッセー ジが詰まっています。

　相手が自分の望みを叶えてくれなかったら？

自分の望みは相手を安心させ満足させる望みですか？自分だけ が喜ぶタイプの望みではないですか？　自分の望みは相手の喜び も叶える両方向が喜ばないと成り立ちません。

　簡単なズレは「心が今、この瞬間からズレたよ」というお知ら せです。

　あなたは、自分に問いかけましょう。

　問いかけて自分を信じてみましょう。

　本当に必要なものはちゃんと未来に待っていることを。あなた を待ち、あなたを必要とする人がいます。あなたは大切にされる 自分の才能を発揮して多くの人の助けになります。

　これは私の魔法です。

　あなたにかける自己暗示であり未来への言葉です。

　疑う心が出たら待ってみましょう。

　コンビニのスィーツでも買って美味しいお茶と一緒にデザートタイムを満喫しながら、最初に自分を癒してあげてください。

　少し心の強張った人が見えたからメッセージ贈ります ^_^

　皇の時代　配信用の公式ラインを始めました。

　毎日配信しています。こちらは、facebook と YouTube のコラボ&閉鎖空間なのでつぶやきも入れています。今、何が起きているのか？自分の感覚は正しいのか？などの疑問に答えています。

皇の時代配信用公式 line

二次元バーコードを読み込んで登録してください。

第六部
自然があなたのためにしていること

1　ウイルスがする心身への変化

　最後に、あなたを取り巻く環境の中で、自然が人間を皇の時代へ導くためにしていることや、してきたことをあげていきましょう。ウイルスの役割を少し展開します。魂の進化スタートはウイルスからであると一番初めにしました。このウイルスは、何の役目もなく人間界へ降りてくるのではありません。エイズ ウイルスや日本脳炎、がん細胞さえいろいろな使命がありやってきています。更に、あなたはこのウイルスや菌たちを敵として考えているでしょうが、実際は自分の思考や適応力が低下し、自然の環境とずれてきたからウイルスにより調整が入るのです。自分の意思と言い切りませんが、自分に必要な力としてこれらがやってきます。決して滅菌・滅ウイルスが良いことではないのです。

　では、発病するにはどんなメカニズムを自然は作っているのでしょうか。これは自分の体内に入った菌やウィルスの情報を脳に伝達し、酵素を使って体内に同化します。この脳に情報を「あげるのか」「あげけないのか」の選択こそ自分が今置かれている環境により決まるのです。この菌やウィルスが必要と判断される

と同化は起こらず発病します。不必要と判断すれば瞬時に同化が起こり、発病はしません。この時点での必要かどうかは、脳の状態や環境によります。祖の思考が強い場合、人口増加を止めたい場合、浄化作用のため、毒素の分解、子由光線への対策、オゾンホールへの対策など様々です。住む地域や年齢・性別・思考・体調など要素をあげたらたくさんあります。人間が皇の時代を楽に樂しく生きるために自然が動かしている愛なのです。

ウイルスたちの特徴をあげてみましょう。

日本脳炎ウイルス

　　祖の思考から皇の思考への切り替えるためにやってきました。

SARS ウイルス

　　祖の言葉から皇の言葉を使うようにやってきました。

エイズ ウイルス

　　皇の時代の環境適応のためにやってきました。少子化社会を推進するために全世界全員に感染終了し、発現している人以外は同化済です。人口増加を防ぐためです。

エイズⅠ型

　　精心的変化を起こし、セックスレスを増やしています。性への

興味を低下させています。

エイズⅡ型

　肉体的変化を起こし、妊娠しづらい体質を作っています。男性は不活性の精子の量を増やしたり、精子そのものの量を減らしたりしています。

　人口増加が必要になったら、エイズウイルスに対抗するウイルスを発生させて調整してくれます。

B型肝炎ウイルス

　精心変化を起こし、肝臓環境を改善しています。

C型肝炎ウイルス

　異常な動物性脂肪を体内で正常に転換してコレステロールの調整をしています。科学的に作った脂肪の除去もこのウイルスが調整します。

エボラウイルス

　食欲低下のために必要で、50年後に500キロカロリーで生きられるよう、500年後には空気だけを吸って生きられるように体質改善をしています。

インフルエンザウイルス

　肉體改善のためのウィルスで、日射病や熱射病を防ぐために流行ります。インフルエンザが流行った夏は特に猛暑・酷暑で死者が増えるための処置です。

狂牛病

　精心的・思考の変化が目的で、祖の思考から皇の思考へ考え方を変化させるために存在しています。

セン虫

　体内の不要物を昇華する働きをしています。

寄生虫

　体内の毒素を浄化しています。

がん

　血液浄化作用・腐らないように自然がまいてくれたものです。その結果、敗血症が減ったようです。

2　ウイルスや菌が存在する意味

　自然は、これらウイルスたちが活動しやすいような環境つくりも担っています。太陽光線を変化させ、空気を変え、宇宙エネルギー

も転換しました。この意味は、あなたの進可を全力でバックアップするためなのです。このために多くの菌やウイルスたちは役目をおっています。これは単純に魂の進化を繰り返せば神の位に上がれるものではないことも同時に示しています。幽体への転換や霊幽排泄、異物除去や思考進可、靈體老廃物除去、靈体造・強化など人間の体験だけでは成し得ない部分を担っているのです。特に情報収集はウイルスがしている大きな役目です。

　もちろん、進可のためのプログラムも、これら菌やウイルスによって細胞内変化を起こしています。遺伝情報に環境変化のための情報を書き込み、于由光線から肉體を守る役目もあるのです。遺伝情報にアクセスできるのはウイルスだけですから。共生している部分は明らかになっていませんが。これから変わります。これらのことを考えると、自分の進可が進むと多くの菌やウイルスの力により、さらなる進可へと押し上げる役割があるようです。ただ、これに達していない、またはタイミングがずれた場合、病気が発病し、あの世へ近づく場合があります。自然の軸からズレるということは、進可さえも止めてしまい、ついにはあの世へえる結果になる事があるのです。

3　最善の方法は

　こういった病気にならないためには、何が必要なのでしょうか。一つずつアップしてみます。

　①エネルギーを受けて調節する

　起きているときは脳が働き、自分の意思が欲やズレが起こります。あなたの心が今、この瞬間からするりとズレてしまうと、調整するために自然の力が働きます。自然から守られて生きているので、ちゃんと調整は働くのです。

　自然の力が働くのは、寝ているとき。この寝る質でどれだけ運気が回復するのかが決まります。

・ゆっくり眠れるのか。

・女性は右を下にして、男性は左を下にして寝ていれば良い空間である。

・寝具はここちよくきれいである。

・シーツはまめに洗濯している。

・枕は高すぎず、低すぎず、ちょうどよい。

・一人で寝ているか。

上記の項目をチェックして、寝ているうちに自分のズレや不足を補いましょう。特に眠くて仕方ない時は、かなり危険な時です。寝る時間を確保してください。ズレが大きくなるとあの世へ近づいてしまいますから早めに調整しましょう。

　肉體に流れ込むエネルギーの調整をすることで、一番簡単に調整されます。あなたの肉體は、常に多くのエネルギーを受けて動いています。このエネルギーの中に地霊から受け取るエネルギーがあります。肉體に流れ込むエネルギーは、三方向から入ってきます。上から入力して下から出力するエネルギー、前から入力して後ろから出力するエネルギーです。もう一つは男女によって異なります。女性は、右肩から入力して左肩から出力するエネルギーです。男性はこの逆で、左肩か入力して右肩から出力します。寝ているときにこのエネルギーを受け、体調や運気を調整しています。寝ないとダメな理由はここにあります。毎日エネルギーを消費しながら生きていますから、寝ているときに補充するのです。7時間がちょうどよいのもこのエネルギーと関係あるのでしょうか。右を下にして寝る人はいますか？ うつぶせの人もいますね。これは肉體に入ったエネルギーを外に出したい人と、入れたい人

で変わります。自然のエネルギーや脳は、あなたが不足した時にエネルギーを使って調整しようとしています。しかし、寝ても体調がすぐれない人や、いつまでも病気が改善しない人は寝る方向や位置を変えてみましょう。寝方の意味を上げてみます。

・仰向けで寝る人→地霊が悪いと仰向けになって出力するエネルギーを使い、体内に地場の悪いエネルギーを入れないようにしている。

・うつ伏せで寝る人→下からあがる地場が良いので、うつ伏せで前からエネルギーを取り入れている。

・右を下にして寝ている女性→地場が良いので、寝ている間にエネルギーを取り込み調整している。

・右を下にして寝ている男性→地場が悪いために、体内に入れないためのセンサーが働いている。

・左を下にして寝ている女性→地場が悪いのでセンサーが働き、エネルギーを体内に入れないようにしている。

・左を下にして寝ている男性→地場が良いので寝ている間にエネルギーを取り込んで調整している。

　たまに頭を大地に付けて丸まっている子供がいます。この子た

ちは地霊を取り込んでいるのでしょう。ヨガでも頭を下にするポーズがあります。逆立ちがよいのもこのためでしょう。

　地場が良いと商売も繁盛し、行動的になり、意識もはっきりとさえてきます。逆に地場が悪いと体に痛みが出たり、精神が不安定になったりと改善しにくい症状が続きます。地場がよいと視力も回復したり、もちろん若返ります。自分の寝方を観察して、いいエネルギーを受け取れる地場を探してください。

　一人で寝た方が良いのは、一緒に寝ている人と波動が合わない場合、自分の体調を崩してしまうからです。特に祖の時代に出会った人とは波動が合いません。何故ならお互いを苦労させるために結婚させたり家族にしているからです。お互いのために、一人ずつの布団で寝ることをオススメします。

②好きなことを中心に据える

　日々の生活は気付くと他人のために自分の時間を費やすことになりがちです。この時間が大切で、どれだけ自分の時間を確保できるのかが大切になります。というのも一日のうち、8時間を他人ために使い、8時間を自分のため、学びのために使います。

残りの8時間は、肉體の修復に充てます。

他人のための8時間

　他人のための8時間とは、働く時間だけではありません。家事や育児、仕事のための通勤時間や友人の愚痴を聞く時間も含まれます。この8時間を超えて他人のための時間を使っているといつまでも苦しい生き方からは抜けられません。これは、家事を各自に分担したり、家族が協力し合って考える事で変わってきます。仕事時間を減らしたり、引っ越しをして通勤時間を変えたり、時短をすることで回避することも出来ます。ネットで買い物を済ませたり、食事を作る時間を家族と楽しく過ごす事で他人のために尽くす時間ではなくなります。この他人のために使う時間を工夫次第で減らせればかなり皇の思考になっています。仕事時間の中でも学びの時間をとり入れると自分のための時間になります。

自分のための8時間

これは、まさに自分の学びや遊びの時間です。樂しむため時間で、何をしていても樂しい時間です。この時間をとる事によって

将来に魂職と呼ばれる自立の道が開けていきます。魂職というのは、自分が樂しめて楽で夢中になれる技術です。もちろんサービス業の人は他人のために動く時間にかぶります。自分の学びが伴えば、これは他人のための行いではなく、自分のための時間になります。

肉體のための8時間

　これは健康管理のための時間です。寝る時間、体のメンテナンス、健康のために何かをする時間です。皇の時代は、極端な運動はしなくなっていきます。子供たちを見ても元気に飛び回るのは幼児だけで、徐々に家で遊ぶようになります。健康のためという運動はここには入りません。楽しいから運動をするのなら、自分のための時間となります。ただ、8時間ですからほとんどが睡眠に充てられます。

③好きなものを食べる

体のセンサーや脳の信号が働くようになると、食事も好きなもの、美味しいと感じるものしか食べられなくなります。これは、偏食で

はなく、自分の体から発する足りない栄養素を感じて食べるようになるのです。例えば、タンパク質の足りない場合、肉や魚が食べたくて仕方なくなります。水が足りない場合、食べるよりも水が飲みたくて仕方なくなります。

　逆にまずいものを食べてはいけません。嫌いなものを食べると苦労がやってきますので、無理に食べてはいけません。嫌な思いしかしませんので。噛む時にでる唾液は破壊の唾液なので、徐々に噛まない食事が増えていきます。噛まなくても良い時代が来ます。無理に噛むのはやめましょう。

④目の前の人は自分とイコールである。

これは、自分中心の世界に変化している皇の時代の特徴で、自分がマイナスの感情に縛られていると、目の前に来る人のマイナス面を引き出し、共鳴してしまうのです。あなたがプラスの感情で生きていれば、回りにはあなたの波動に共鳴するプラス面を引き出していきます。一見すると相手のせいであるように感じても、原因は自分であるのです。自分の感情コントロールに目を向けましょう。例えば悲しい気持ちを抱えていると赤ちゃんが泣き出した

り、心の奥に怒りを抱えていると怒ってる人に出くわしたり、他人を通して自分が見えるのです。

　寝て食べて好きな事をする、目の前に自分の分身がいる、本当に楽な時代がやってきました。この時代の目標は何でしょうか。これは、あなたの進可こそ目的なのです。

4　人間の進可のために

「世界は共生に向かっている」

　これは皇の時代に達成すべき3大課題の一つです。

①自立

②進可

③共生

　この3つが人間が進可する方向性で、共生とは自然界と人間界の共生を指しています。1の自立は、絶対的自由と共に人間が成し遂げる一番最初のものやことです。誰もあなたに口出しをすることはありません。あくまで自分で学び、自分で無いものから掴んでいくのです。この自立のための環境が、今急速に整っ

ています。貧困を救おうと政党は関係なしに法律を整備しています。コロナ禍によって多くの習慣は壊れました。あなたの自立を妨げる多くのことやものは最速で変化整備しています。３か月経てば一周して変化していきます。自分の回りで起こる変化に敏感になってください。今の変化は、自立のためのものです。ですから、頼る生き方を変えて、自分の意志と技術で自立可能です。

　次に２の進可は、あなたがこの世に生まれてくる理由です。魂を進可させて学び続けることがこの世の使命とも言えます。この進可は皇の時代、ヒルの時代にする心の成長です。祖の時代、ヨルの時代には心が成長せずに物質社会が進化（ヒルの時代は進可と書く）する世界でした。やっと皇の時代に入ったので、心の成長する于由光線が当たり始め、驚くほど世界が変わってきました。オゾンホールも閉じました。これからは、環境も変わります。動物たちが独自に成長を始めるからです。この時代の変化は、人間にのみ起きている変化ではありません。３の共生にも関係しますが、動物たちの心も成長しているのです。だからサルの群れが街中を歩き回ったり、クマや蛇たちが都会にやってきます。彼らもまた自然の中で苦しみながら2500年間を代々暮らし

てきました。しかし、やっと皇の時代に入り、人間同様に心が動き出したのです。動物たちの方が感覚にすぐれているので、彼らははっきりとした意志を持って動き始めています。シンプルに生きられない種族は徐々に淘汰されてしまいます。人間界で共生をしようとする動物たちもいます。逆に人間界から去っていくものもいます。生物の分布図が劇的に変わるでしょう。野生の動物や天然物の魚を食べることも徐々に出来なくなっていきます。この兆候は既に世界中を脅かしている、あのウイルスにも出ています。棲み分けも始まっています。震災や天災は、住んでいたら危険だという区域に集中的に起きていきます。あなたがこれから生きる皇の時代は、自然の力が戻り自然との共生と共に自然の愛があなたを包む世界へと変化し始めています。

　苦しむのではなく樂しんでください。自分だけの樂しみのためにこの世界は作り変えられていきます。自分を大切にして、嫌な人から離れて、自然にに守られて生きることが許されています。愛は安心の安である、とは人間世界の愛のカタチです。あなたが安心して過ごせる環境は愛に満ちています。

〜〜〜〜♡〜〜〜〜♡〜〜〜〜♡〜〜〜〜♡〜〜〜〜

コラム 〜 寄り道 〜

　ゆっくりのんびり歩くことは一つ大切な役割があります。

　これは自分の知らないけれども自然の恵みを降ろしてもらうとき
に大切な行為です。つまり寄り道をする。

　時間に余裕がないと寄り道はできません。寄り道をすることで
自分の本来の道につながることがあるからです。時間の無い余
裕のない道を歩いていると、これからあなたが必要とする魂職に
も出会えません。暇とは無駄ではなく、今の自分を変える可能性
のある時間です。隙間と暇は似てませんか？暇という隙間を作っ
て新しい自分の扉を見つけてください。

余裕という時間を作ると、自分に必要なことやものが降りてきま
すから。今ここに心を置いて受け取ってください。

まとめ

　寄り道や暇を大切にしよう。

　新たな自分の可能性や扉があるかもしれない。

〜〜〜〜♡〜〜〜〜♡〜〜〜〜♡〜〜〜〜♡〜〜〜〜

お昼寝タイムはとても大切です。

お昼寝する時間をつくろう

第七部
自分を好きになる方法

1　自分がいやになる理由

　まず、あなたが自分を嫌いな人であれば、以下の理由が大きいのではないですか。一緒に一つずつ解決していきましょう。

　自分が嫌いな第一位は、他人と比較した結果を受け入れられなことではないですか。自分の能力が低い事も、ルックスやファッションセンス、持ち物、友人、仕事に性格、ほとんどが自分と他人を比べないと出てこないものです。

　第二位は、お金持ちではないことです。ほとんどの人がまだ祖の思考でお金に取りつかれています。自分の慾なのか生活のためなのか、皇の思考に切り替わるまでお金の問題はつきまとうでしょう。

　第三位は、愛されたいからです。他人から愛され上手な人を見るとひがみや嫉妬の感情が湧いてきます。特に自分が行為を寄せる人が、他の人に心奪われていたら自分を否定するほかはないので、どうしても自分を責めて嫌になってしまうでしょう。

　第四位は、褒められたいからです。自己承認欲求という自分を認めてほしい、褒めてほしいという欲求は全ての人が持ってい

ます。特に日々褒められるどころかけなされて生きていたらこの欲求は大きくなり、満たされないことで自分を否定し始めます。特に家族があなたを否定する場合、絶体に自分を好きに離れません。相手は八つ当たりであなたを否定している場合でも、その言葉は人生を支配する強さを持っていますので辛いです。

　第五位は、自分の能力が低い事です。秀才でもなければものごとをたやすく完成度が高いレベルで行えません。しかし、自分がいやになる人の近くには、このできる人がいるものです。だからこそ、自分が嫌になるのですから。

2　自分がいやになる理由の背景

　ここまで自分をくりまく宇宙プログラムの変化と地球上の時代の変化をお話ししてきました。既に、あなたが今まで暮らしてきた環境は、あなたを苦しみから成長・進化させるために用意されたものだということは理解しましたね。しかし、ここまできてまだ自分が嫌いだというのであれば追加で説明しましょう。

　まず祖の時代では、あなたの能力は全て封じられていました。

いわゆる魂に刻まれた記憶は一切あなたを助けてくれませんでした。コンロクに書かれたことを知るすべもありません。しかも、あなたのそばには常に「あなたを嫌う」を配置して精神が異常状態になるようにプログラムされていました。この精神が異常を起こすことで悩み苦しみ、物質文明は発展し来たのです。現実逃避こそ祖の時代の進化するためのエネルギーだったのです。

　ですから、あなたが自分を好きになれないのは当たり前です。逆に自分が好きすぎる人は、よほどの現実逃避派なのか、人を苦しめ多くの富を奪った人たちなのか一握りの存在しかいません。自分が嫌いとか、自分を好きになるとかこういった事の前にあなたは自分を好きになる環境にいなかったのですから、これは当たり前です。

　では、先ほどの第一位から見ていきます。第一位の他人と比較して自分が嫌いになるいうことは、祖の時代の他人と比較するルールから来ています。全てに上下関係があった祖の時代は、指先のキレイさまで他人と競い合い、優劣をつけました。指先モデルがいたほどですから、これは当たり前でした。他人と比較して劣るものは奪われる、という法則が働くのであなたが傷ついて

きたことは祖の時代では当たり前の事なのです。

　祖の時代の権力には、下から上に全て流れていくというルールがありました。敗北者は奴隷として分で考えることなく使われるという社会のルールが働いていました。しかも、この時代は心が働かないため外見重視の世の中です。他人が評価するものが絶対でした。この比較はルックス、学校の成績、運動能力、他人へアピールできる全てです。0.1% の強者・勝者と、99.9% の弱者・敗者に分けられていました。思い当たりませんか。自分さえ嫌いになり、苦しみながら成長・進化することが目的だったので仕方ないのです。

　第二位のお金がないから自分が嫌いになるということです。これも祖の時代に、ルールがありました。他人を苦しめ、先祖や神に愛された人には、どんどんお金が集まりました。お金は権力の象徴でもあったので、お金があると権力も掴めたのです。多くの人を苦しめる才能がなければ当然貧乏になり、日々お金が足りなくて自分がいやになるのも当たり前です。

　第三位は、愛されたいのに愛されない自分を好きになれないというものです。祖の時代は結ばれるカップルが決められていて、

互いに心通じる人とは結ばれないように仕組まれていました。前世で仇同士の魂をカップルとして結び付けるという、人の世界では考えられないプログラムが働いていました。

　第四位は、褒められたいという自己承認欲求です。生活のなかでこれだけ嫌なことが続けば第三者に認められたいという欲求は強くなります。

　第五位の能力の問題ですが、これも競争社会を産むために仕組まれたプログラムが働いていました。一人がいくつもの仕事をすれば、その分他の人は仕事にあぶれて貧乏になります。これがプログラムだったのですから、私はどうやって自分を好きになれるのか疑問を感じます。

　あなたが自分を嫌う理由は、嫌いになるように仕組まれ、物質文明の成長に寄与していました。これこそがあなたが苦しむ理由です。外見にこだわるのはあなたではありません。社会の変なルールです。あなたが10億年をかけて学び培ってきた能力は封じられていたので、今までのあなたが無能でもあなたの本当の力ではありません。愛されることも褒められることも全てが新しい時代には、満たされるという結果が待っています。今の自分から

脱皮する方法を実行して変身しましょう。

3 自分を好きになる方法

　もう皇の時代に入りました。あなたを苦しめるエネルギーは、徐々に無くっています。ただし、まだ時代が変わってきたばかりなので、嫌なことも続きます。各部にてこの世界のプログラムや仕組み、苦しんできた理由とあなたはこれから変わっていけることを述べてきました。あとは、自分の過去を全てリセットして自分の出来る範囲を決めてください。人間は一つのことしか極めることはできません。これは肉體が一つで、脳も一つしかないからです。何種類ものことを同時にしていた時代は終わりました。今日からはたった一つのことを極める自分に出会うことに全力を注いでください。

　例えば、私はfacebookとYouTube、本の出版をしていますが、これは三つの仕事をしているのではありません。全て新しい時代のメッセージを配信するという仕事をしているのです。もう少し抽象化いると、私の魂職は、サポートをすることです。新し

い心の時代へ転換期に迷う人たちをサポートしたり、日々の他の仕事（5つ掛け持ちしています）をしていますが、趣味でしている2つの仕事以外は、全てサポートがメインのものです。

　このように必ずしも魂職が職業とは限りません。魂職がサラリーマンという人も結構いるようなので、あなたが楽で夢中になれるものを捜してください。

①自分が楽で夢中になるものを探そう。

　自分が好きになるルックスは、次期がくれば手に入ります。例えば、痩せたいと思えば、痩せる簡単な方法が情報として降りてきます。降りるというのは、スマホを開けたら情報が飛び込んできたり、茶店で休んでいたら隣の人が話していたり、あなたが動かなくても情報が入ってきます。無理矢理に自分から動いてダイエットをしようとすると、ゴミ情報ばかり掴みます。あくまで情報の方からやってきたものだけを信じてください。シミを消したい、たるみを改善したいという願いは、徐々に安く簡単な方法が発見されます。あと三年ほど待ってみましょう。安全で楽で安価な方法がやってきます。服もレンタルでプロが選んでくれますので、こ

ういうサイトからレンタルすることで物も増えず、おしゃれで楽な生活が始まります。ルックスという見かけは、今後誰も気にしなくなります。心の時代が進めば、全てが個性として尊重され、見かけを非難すること自体がセクハラとなり人々の関心から無くなっていきます。それより、自分の好きなルックスは自分で作るサービスが増えていきます。

　先日読んだ漫画で、服について書いてあった一言に、新しい時代の思考を感じました。「ファッションによってあなたの自我を完成させるのです」という台詞に感動したのです。自分を表現するものの一つにファッションがあり、これも含めて自我の完成とするという部分に、心の時代への変化を感じました。服はモノではなく、自分の心を表現する一部だという意味です。

②自分のルックスは心を表現するための一部となる。プロに力添えを頼もう。

　毎日、自分の感情や出来事をリセットしていますか？これは心の時代では大切なことです。もし、今日意地悪されて心が落ち込んでしまい、このまま寝てしまうと、次の日のスタートは、前日

の意地悪で傷ついた心からスタートすることになります。これ、考えたら怖い出来事です。スタートより飛躍的に心の状態がよくなる場合は特殊ですから、大抵は更に心の状態は下がっていきます。つまり、前日に受けた心の傷の上に更に嫌なことが起こるのです。この日々寝る前の心の状態が、あなたの心を否定する要因になっているのです。

　ではどのように改善すればよいでしょうか。これは浄化の言葉、涙、自分を癒すグッズや食べ物など、嫌なことを打ち消すルーティンを作る事で改善します。

③１日で嫌なことはリセットしよう。

　虐待によって逃げられない苦労をしている人もいます。皇の時代には虐待も減ります。すでに相談機関が増えていきますので相談しましょう。あなたを虐待している相手はあなたを愛していません。利用しているだけです。愛を期待するのではなく、自立をして立ち去りましょう。虐待やセクハラを受けるのは、あなたの居場所ではないですよというお知らせです。可能であればフラッと旅行した先に住みつき、新たな生活を作り直しましょう。ただし、

この際に誰かを頼ってはダメです。行政を頼るのは問題はありません。この環境の人はいったん行動を止めて可能であればじっくりと家で自分のことを見つめ直ましょう。この方たちは、必ず上からのお知らせが来ているので、心のゴミを捨て去った先に新しい道が見えてきます。

④虐待・セクハラはいるべき場所ではない。降りている信号を心を空にして受け取ろう。

　人は笑顔に弱いものです。ぶすっとしている人より、ニコッと笑顔を向けられることに安心感を感じるからです。笑顔がないと自分が攻撃された様な気持ちになります。意外と人は不安の中で生きているものです。これはとても残念な誤解です。あなたが疲れていたり、他人に笑顔を作れないだけなのに、他人から不快感をぶつけられるのですから。他人は、あなたの事情も気持ちも理解してくれません。心から笑顔になっていなくても、口角をニーと言って上げるだけで笑顔と錯覚をするのです。ここを利用しましょう。海外では、笑顔整形をする国さえあるのです。私も笑顔が苦手です。でも YouTube では、なんちゃって笑顔は作れるよ

うになりましたので、あなたにも必ずできます。

⑤なんちゃって笑顔で効果はある。

　浄化の言葉を毎日言うことで、必ず変化します。浄化の言葉とは、寝る前に言うことで効果が高まります。

　「樂しい」「よかった」「うれしい」「ありがとう」自分が好きな言葉があれば、それを追加してください。嫌なことが湧いてきたらこれらの言葉を言ってください。嫌な出来事はあなたの価値を下げるわけではありません。自分と波長のあわない出来事だったのです。だからこれらのキラキラワードを使いましょう。

⑥キラキラワードを毎日言おう。

　お金の使い方を見直そう。お金は愛されて使うと喜んで戻ってきます。仕方なしにあなたがお金を払うとお金は悲しく感じます。お金の持つエネルギーがまだ祖のエネルギーを帯びている場合、入った瞬間に無くなり、更に借金まで作ります。皇のエネルギーを帯びていると、使う前にお金は入ります。これを切り替えるにはいろいろしないとならないのですが、今回は、お金に愛するエ

ネルギーを入れることで改善しましょう。愛のエネルギーは、カード支払いではチャージできません。あくまで現金を先払いのカードにチャージするか、現金交換の場合に溜まります。欲しいもの、うれしい事にお金は使いましょう。特に付き合いで支払うことは絶対に止めましょう。お金は。どんどん出て行ってしまいます。

⑦お金は愛のエネルギーをチャージして喜んで使おう。

　これら7つのことを実行するだけでも三ヶ月後に、自分が嫌いな状況が変化して、自分を許し、受け入れるチャンスがやってきます。本を読む途中で涙が出た人、あなたは辛い自分を涙と共に押し流しました。途中でアレルギーが出た人！あなたは、細胞の中に残っていた苦しみを外に出しました。苦しみの記憶が噴き出た人も、その記憶はもうあなたの物ではありません。あなたの体を使って多くの体験をさせた、見えない世界の力が働いたのです。もう全て終わりにしましょう。今目の前にある苦しみは、昨日のあなたが作った苦しみです。どうしたら明日は苦しみが減るのだろうかと思い、キラキラワードを唱えながらお休みください。寝具はふわふわの大好きな柄で心か包まれるようなものを選んで

ください。世界中から、愛されていると感じられるお布団の中で
また明日、樂しみましょう。まず最初に、大好きなものやことを回
りに置いて、幸せ空間を作りましょう♡

YouTube 春名律子動画サイト

　毎日の気づきをアップしてます。スマホでかけるときは、
新しい再生リスト を作り、これを全て再生すると延々と動画は回
りつづけます。家族の雰囲気が悪い時、子供の態度がおかしい
時、嫌なことがあった時、困ったことがあった時、いつでも動画
を回してください。あなたに皇のエネルギーが降り注ぎ、問題解
決に導きます。お試しあれ！

〜〜〜〜♡〜〜〜〜♡〜〜〜〜♡〜〜〜〜♡〜〜〜〜

コラム　〜　仕分け　〜

　私は新しい試みと、次へと続くステップアップに進みました。あなたはいかがですか？　自分が進んでいないと感じる人はちょっとこれを試してください。

　自分を仕分けする

　仕分けというと何かを捨てて何かを残すイメージですか？自分を仕分けるというと、自分の中の一部を捨てるイメージでしょうか？　今回の仕分けは、捨てるというより順番を決めるために必要度の高いもと低いものへ分けるという意味です。あなたが進化または進んでいないと感じるのはいろんな事がごちゃ混ぜになってるのも要因です。まず、心を仕分けましょう。次に物です。心の中で自分の喜び楽しさ以外を占めてる感情を仕分けてください。物もそうです。今使わない物と今使う物で分けましょう。

　これをするだけでも変わります。

まとめ

　今、必要なものを優先する

おわりに

　早いですね。私が本を書くと言ってからあっという間に弾4弾発行です。今、思えば何もわからず書くことに恐怖すら感じていた第一弾が懐かしいです。今はもう、不安はなく、何を書き、何を伝えどんな人に出会えるのかという樂しみしかありません。皆さんが励まし、感想をくださり、喜んでくれることが私の力になっています。今回、自分とはというテーマにしたのは、あまりにも自分を嫌う人が多すぎて悲しかったからです。あなだこのあとがきを読みながら自分を許し、頑張ってきたのだなと思えたのなら私は嬉しいです。私には、あなたの心の波動が流れ込んでくる能力があるので、まだ辛いと感じていたら私の名前を呼んでください。私からパワーを送ります。幸せは、まだマイナス世界での幸せです。プラスの幸せはもう少し先となります。一緒に今を生きていきましょう。

　本を書くにあたり表紙の写真は松尾昭子さん、表紙デザインは吉田修さん、編集は栗田誠一さんにお願いしました。いつも支えてくれてありがとうございます。皇の時代シリーズ　第五弾は、秋に考えています。

　これが終わったら、facebook 書籍化に取り掛かります。配信をするのが私の魂職です。また皆さんに会えることを楽しみにしています。

桜が満開の四月吉日

著者

春名　律子（ はるなりつこ）

東京都出身　皇の時代の配信者

2004 年セミナー参加開始・2013 年しあわせ村理事就任

facebook ＆ YouTube ＆皇の公式 line にて皇の思考を毎日配信中

問い合わせ ounojidai@gmail.com

自分を知る　好きになる　心の時代の開運術　　皇の時代 4

2021 年 5 月 6 日　第 1 刷発行

著者—————— 春名　律子

発行—————— しあわせ村

〒 340-0028 埼玉県草加市谷塚 1-29-3

☎ 048-929-7501

発売—————— コスモ 21

〒 171-0021 東京都豊島区西池袋 2-39-6-8F

☎ 03-3988-3911

FAX 03-3988-7062

URL http://www.cos21.com/

印刷・製本——— 株式会社エーヴィスシステムズ

定価はカバーに表示してあります。

ISBN 978-4-87795-401-7　C0030

宇宙基礎編 皇の時代 1 発売中 2020.9.11 発刊

皇の時代 1

宇宙プログラム 1994.8.7 『コ』の宇宙の変化と皇の時代

春名律子著 定価 1500 円 + 税

コスモ 21 刊 160 頁 四六版 並製

皇の時代に入ったことで、今までの苦しみは終わりました。

あなたの知らなかった宇宙のプログラムを解説しています。

政治経済編　皇の時代 2　　　　2020.11.11 発刊

皇の時代　2

政治・経済　これからの2500年
幸せ産業の行方

春名 律子

あなたの人生が
今すぐ変わるヒント満載！

既に始まっている『皇の時代』
生き方を変えるだけで人生が変わる

楽に楽しむ政治・経済編
購入特典　限定動画二次元コード付！

しあわせ村

皇の時代 2

政治・経済 これからの 2500 年幸せ産業の行方

春名律子著　定価 1500 円＋税

コスモ 21 刊　160 頁　四六版　並製

皇の時代は全ての産業が入れ替わります。新しく生まれ変わる

失った愛と心を取り戻す
新しい時代の恋愛編

皇の時代　3
結婚・恋愛編

春名 律子

皇の時代 3

失った愛と心を取り戻す 新しい時代の恋愛術

春名律子著 定価 1500 円＋税

コスモ 21 刊　160 頁　四六版　並製

今まで、祖の時代で愛は縛りと苦しみを伴いました。

心の時代の愛とは穏やかに暮らせることです。

天縄文理論 発売中

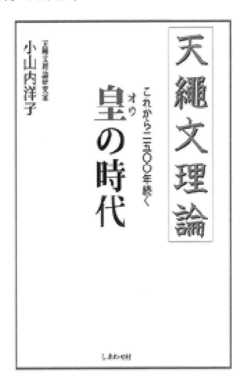

天縄文理論研究派
小山内洋子

天繩文理論

これから二五〇〇年続く

オウ
皇の時代

しあわ村

天縄文理論 これから二五〇〇年続く 皇の時代

小山内洋子著

コスモ21刊 定価10.000円＋税

633頁 四六版 上製